Imaginative Techniken

Standards der Psychotherapie
Band 15

Imaginative Techniken

Dr. Fritz Renner

Fritz Renner

Imaginative Techniken

hogrefe

Dr. Fritz Renner, geb. 1982. 2004–2009 Studium der Psychologie in Maastricht, NL. 2009 Visiting Scholar an der University of Pennsylvania, USA. 2009–2014 Wissenschaftlicher Mitarbeiter in der Abteilung Clinical Psychological Science an der Universität Maastricht. 2014 Promotion. 2015–2018 Wissenschaftlicher Mitarbeiter an der MRC Cognition and Brain Sciences Unit, University of Cambridge, UK. Seit 2018 Leiter einer Nachwuchsforschungsgruppe in der Abteilung Klinische Psychologie und Psychotherapie am Institut für Psychologie der Albert-Ludwigs-Universität Freiburg. 2022 Approbation zum Psychologischen Psychotherapeuten (Verhaltenstherapie). Seit 2024 Leiter der Ambulanz für Erwachsene I am Psychotherapiezentrum der Albert-Ludwigs-Universität Freiburg.

Bibliografische Information der Deutschen Nationalbibliothek
Die Deutsche Nationalbibliothek verzeichnet diese Publikation in der Deutschen Nationalbibliografie; detaillierte bibliografische Daten sind im Internet über http://dnb.dnb.de abrufbar.

Hogrefe Verlag GmbH & Co. KG
Merkelstraße 3
37085 Göttingen
Deutschland
Tel. +49 551 999 50 0
Fax +49 551 999 50 111
info@hogrefe.de
www.hogrefe.de

Satz: Mediengestaltung Meike Cichos, Göttingen
Druck: mediaprint solutions GmbH, Paderborn
Printed in Germany
Auf säurefreiem Papier gedruckt

1. Auflage 2024

(E-Book-ISBN [PDF] 978-3-8409-3073-7; E-Book-ISBN [EPUB] 978-3-8444-3073-8)
ISBN 978-3-8017-3073-4
https://doi.org/10.1026/03073-000

Inhaltsverzeichnis

1 Einführung

Bildhafte Vorstellungen sind den meisten Menschen vertraut. Nehmen Sie sich einen Moment Zeit und erinnern Sie sich an die Wohnung oder das Haus, in dem Sie aufgewachsenen sind. Gehen Sie in Ihrer Vorstellung durch die einzelnen Räume. Was können Sie sehen, hören und riechen? Was spüren, fühlen Sie, wenn Sie in die Vorstellung eintauchen?

Unter dem Begriff „Imagination" versteht man die psychische Fähigkeit des bildhaften Denkens bzw. das Wahrnehmen innerer Bilder in Abwesenheit externer sensorischer Stimuli (Pearson, Naselaris, Holmes & Kosslyn, 2015). Das Phänomen der Imagination beschäftigt die Menschheit seit jeher, nicht nur in der Wissenschaft, sondern auch in der Literatur, der Kunst und Kultur. Die Bilder können nicht nur visueller Natur sein, sondern aus allen Sinneskanälen stammen; sie können sowohl spontan auftreten als auch willentlich hervorgerufen werden. Auch Nachtträume sind imaginativer Natur.

Imagination ist das Wahrnehmen innerer Bilder in Abwesenheit externer sensorischer Stimuli

In der Psychopathologie und Psychotherapie können sowohl spontane als auch willentlich hervorgerufene Vorstellungsbilder eine wichtige Rolle spielen. Viele psychische Störungen gehen mit dem Erleben emotional geladener, oft als aufdringlich und belastend empfundener mentaler Bilder einher. Es kann sich daher empfehlen, in der Diagnostik gezielt nach mentalen Bildern zu fragen (vgl. Kapitel 3). Neben der Arbeit an und mit spontan erlebten Vorstellungsbildern wird in der Psychotherapie auch mit gezielt evozierten mentalen Bildern gearbeitet.

Viele psychische Störungen gehen mit dem Erleben emotional geladener mentaler Bilder einher

In der modernen Psychotherapie werden imaginative Techniken sowohl transdiagnostisch als auch störungsspezifisch diagnostisch und therapeutisch eingesetzt und stellen wichtige Bestandteile der Behandlung dar. Dabei waren imaginative Techniken in der Geschichte der Psychotherapie nicht immer akzeptiert, wie ein Blick auf die jüngere Entwicklung zeigt. Mit dem Behaviorismus der fünfziger Jahre wurden alle innerpsychischen Vorgänge, somit auch die Imagination, aus der Psychologie verbannt. In seinem Manifest „Die Psychologie aus Sicht des Behavioristen" schrieb Watson, Imagination sei, wenn sie denn überhaupt existiere, ein mentaler Luxus ohne jegliche funktionale Bedeutung (Watson, 1913, S. 174). Die Kognitionswissenschaften haben die Imagination ab den 1970er Jahren mithilfe von Experimenten zurück auf die wissenschaftliche Bühne gebracht. In einer Serie von Reaktionszeitexperimenten konnte gezeigt werden, dass die kognitiven Prozesse, die der Imagination zugrunde liegen, denen der tatsächlichen Wahrnehmung ähneln (Kosslyn, 1975; Kosslyn, Ball & Reiser, 1978; Kosslyn & Shwartz, 1977; Paivio, 1978). Durch technologische Weiterentwicklungen in den Neurowissenschaften nahm das Interesse für das Konstrukt der Imagination seit den neunziger Jahren stark zu. In einer Serie von Studien konnten mithilfe von struktureller und funktionaler Bildgebung strukturell-anatomische und funktionelle Ähnlichkeiten zwischen visueller Wahrnehmung und visueller Vorstellung aufgezeigt werden (Dijkstra, Bosch & van Gerven, 2019; Pearson et al., 2015). Diese sind im Bereich der visuellen Sinneswahrnehmungen am ausführlichsten untersucht. Es gibt darüber hinaus auch Hinweise auf eine funktionelle Äquivalenz für auditive (Zatorre, Chen & Penhune, 2007; Zatorre & Halpern, 2005), olfaktorische (Djordjevic, Zatorre, Petrides, Boyle & Jones-Gotman, 2005) und taktile Sinneseindrücke (Yoo, Freeman, McCarthy & Jolesz, 2003).

Imagination und Wahrnehmung liegen dieselben kognitiven und neuronalen Prozesse zugrunde

Parallel zu diesen Entwicklungen in der Psychologie und den angrenzenden Kognitions- und Neurowissenschaften erlebten die imaginativen Techniken auch in der Psychotherapie seit den 1960er Jahren ein „Comeback". Die auf Lerntheorien basierende Systematische Desensibilisierung (Wolpe, 1961) stellt wahrscheinlich eine der bekanntesten verhaltenstherapeutischen Interventionen dar, in der imaginative Techniken zum Einsatz kommen. Durch die Kombination einer stufenweisen imaginativen Konfrontation bzw. Exposition[1] mit zuvor in einer Angsthierarchie festgelegten, angstauslösenden Reizen und angstantagonistischen Entspannungsübungen sollte schrittweise eine Habituation der Angstreaktion erreicht werden. In der weiteren Entwicklung der Verhaltenstherapie wurden auf Imagination basierende Expositionstechniken (Exposition in sensu) weiterentwickelt und ausdifferenziert. Auf diese Weiterentwicklungen wird in Kapitel 4 näher eingegangen. Weitere frühere therapeutische Interventionen, die auf Imagination beruhen, sind unter anderem die verdeckte positive Verstärkung (Cautela, 1970), verdeckte Sensibilisierung (Cautela, 1967) und die Rational Emotive Imagination (Lazarus & Abramovitz, 1962). Jedoch spielen diese Techniken in der modernen Verhaltenstherapie in der Regel keine Rolle mehr und werden hier daher nicht weiter ausgeführt. Auch in der Entwicklung der Kognitiven Therapie nach A.T. Beck spielen bildhafte Vorstellungen eine zentrale Rolle (Hackmann, Bennett-Levy & Holmes, 2011; Renner & Holmes, 2018). Nach Beck können dysfunktionale Kognitionen verbal oder bildlich *(pictorial cognitions)* repräsentiert werden. Beide Repräsentationsformate dienen als Informationsquelle für die Bedeutung, die Menschen Ereignissen zuschreiben, und können somit Gegenstand der kognitiven Umstrukturierung sein (Renner & Holmes, 2018; Saulsman, Ji & McEvoy, 2019). Obwohl imaginative Techniken, wie oben dargestellt, seit langem Bestandteil der Verhaltenstherapie und kognitiven Therapie waren, bekamen sie erst mit dem Aufkommen der sogenannten *Dritten*

Imaginative Techniken in der frühen Verhaltenstherapie

Kognitionen können bildhaft repräsentiert und umstrukturiert werden

1 Die Begriffe „Konfrontation" und „Exposition" werden in diesem Buch synonym verwendet.

Welle in der Verhaltenstherapie eine zentrale Rolle. Imaginative Techniken zählen zu den erlebnisorientierten Techniken. Diese kommen verstärkt auch in modernen Weiterentwicklungen der Verhaltenstherapie, wie zum Beispiel der Schematherapie, zum Einsatz (vgl. dazu auch Kapitel 4).

Zielorientierung imaginativer Techniken

In der modernen Psychotherapie kommen verschiedene imaginative Techniken zum Einsatz. Diese lassen sich, entsprechend ihrer Zielorientierung, einteilen in imaginative Techniken (1) zur Entwicklung und Förderung emotionaler Kompetenz, (2) zur Entwicklung und zum Aufbau positiver Gefühle und (3) zur Reduktion und Transformation negativer Gefühle (vgl. Tabelle 3 auf Seite 21). Diese Einteilung orientiert sich an bedeutsamen, in der therapeutischen Praxis häufig angewandten Techniken, die sich als effektiv erwiesen haben, als wissenschaftlich fundiert gelten und auf unterschiedliche Ziele ausgerichtet sind. Sie sind sowohl auf dem Boden der psychodynamischen Therapie als auch in der Tradition der Verhaltens- und kognitiven Therapie und deren Weiterentwicklungen entstanden und haben Wurzeln in den sogenannten erlebensorientierten Richtungen wie dem Psychodrama und der Gestalttherapie. In der Praxis werden die dargestellten Interventionen meist verfahrensübergreifend und transdiagnostisch angewandt.

Zielsetzung des Buches

Ziel dieses Buches ist es, eine umfassende Übersicht zum störungs- und verfahrensübergreifenden Einsatz imaginativer Techniken in der Psychotherapie zu geben. Hierbei liegt der Schwerpunkt auf imaginativen Techniken in der Verhaltenstherapie. Angesichts der verfahrensübergreifenden Anwendung, der aus sehr unterschiedlichen Bereichen stammenden historischen Wurzeln imaginativer Techniken und der klinischen Bedeutsamkeit werden bei einem Blick über den Tellerrand auch Ansätze außerhalb der Verhaltenstherapie, die in hohem Ausmaß imaginativ arbeiten, kurz vorgestellt. Für die verschiedenen Therapiephasen werden konkrete imaginative Techniken, die mit anderen Interventionen kombiniert werden können, und ihre Einbettung in therapeutische Gesamtkonzepte und -prozesse ebenso dargestellt wie Hypothesen und empirische Befunde zu den jeweiligen Wirkprinzipien.

2 Theoretische Grundlagen

In diesem Kapitel wird auf die theoretischen Grundlagen imaginativer Techniken näher eingegangen. Zum einen werden grundlegende theoretische Modelle, welche imaginatives Erleben und dessen Einfluss auf Emotionen und Verhalten erklären, dargestellt. Diese theoretischen Modelle liefern die Grundlage für die praktisch-therapeutische Anwendung imaginativer Techniken. Eine allgemeingültige, einheitliche Theorie, welche den verschiedenen, in diesem Werk besprochenen imaginativen Techniken zugrunde gelegt werden kann, existiert nicht. Des Weiteren werden häufig auftretende problematische Bilder bei spezifischen Störungen im Überblick dargestellt.

2.1 Theoretische Modelle zum Phänomen der bildlichen Vorstellung

Die Bio-Informationstheorie emotionaler Vorstellung nach Lang (1979)

Die Bio-Informationstheorie emotionaler Vorstellung von Lang (1979) basiert auf Erkenntnissen der Informationsverarbeitungstheorie sowie der Psychophysiologie. Sie wurde ursprünglich entwickelt, um die Rolle und den Nutzen mentaler Imagination in der Furcht-Expositionstherapie zu erklären. Lang nimmt dabei an, dass es unzureichend sei, imaginierte Bilder ausschließlich als interne sensorische Stimuli aufzufassen. Vielmehr werde bei Imaginationsübungen, welche einen emotional geladenen Stimulus enthalten, ein assoziatives Netzwerk von gespeicherten Informationen aus dem Langzeitgedächtnis aktiviert. Dieses Netzwerk beinhaltet Informationen über den Stimulus, wie er in der Realität erscheint, und auch über das persönliche Reaktionsmuster auf diesen Stimulus (Ji, Heyes, MacLeod & Holmes, 2016). Somit ermöglicht mentale Imagination neben der reinen Vorstellung eines real nicht vorhandenen Stimulus auch die Aktivierung des physiologischen und behavioralen Reaktionssystems auf diese Vorstellung.

Die Theorie der bildlichen Vorstellung nach Kosslyn

Nach Kosslyns Theorie der bildlichen Vorstellung basieren Vorstellungen und Wahrnehmung auf den gleichen kognitiven und neuronalen Mechanismen. Mentale Bilder stellen somit die „Analoge“ der Wahrnehmung dar. Wie in der realen visuellen Wahrnehmung kann auch ein mentales Bild vor dem inneren Auge betrachtet und untersucht werden. In einer Reihe von Reaktionszeitexperimenten konnte gezeigt werden, dass die Zeit zur Evaluation mentaler Bilder von Faktoren wie etwa der Größe oder Komplexität abhängt

(Kosslyn, 1975). Diese Studienergebnisse wurden dahingehend interpretiert, dass der bildlichen Vorstellung die gleichen strukturellen und funktionalen Prozesse wie der visuellen Wahrnehmung zugrunde liegen. Diese Hypothese der funktionalen Äquivalenz konnte in späteren Studien mithilfe von bildgebenden Verfahren wie etwa der funktionalen Magnetresonanztomografie (fMRT) weiter gestützt werden (Dijkstra et al., 2019; Kosslyn, Ganis & Thompson, 2001). In einer Weiterentwicklung der Theorie, die über die reinen perzeptuellen Aspekte der bildlichen Vorstellung hinausgeht, wird die bildliche Vorstellung als „Nachbildung" (Emulation) der Wirklichkeit eingeordnet (Moulton & Kosslyn, 2009). Die episodische Konstruktion mentaler Vorstellungen besteht demnach nicht nur aus den perzeptuellen Details, sondern auch aus semantischen und affektiven Informationen. Somit bietet die Theorie ein Rahmenwerk für die Konstruktion komplexer episodischer Vorstellungen und der einhergehenden emotionalen Reaktionen wie etwa beim Imaginativen Überschreiben (vgl. Kapitel 4.3.3).

Bildliche Vorstellung als Nachbildung der Wirklichkeit

Diese Theorien liefern ein Erklärungsmodell, wie die bildliche Vorstellung genutzt werden kann, um einen Zugang zum emotionalen Erleben zu schaffen. Somit können imaginative Techniken gezielt eingesetzt werden, um im Rahmen einer Psychotherapie emotionales Erleben zu aktivieren, negative Bilder zu modifizieren und positive Bilder aufzubauen (vgl. Kapitel 4).

2.2 Das Phänomen der bildlichen Vorstellung bei verschiedenen psychischen Störungen

Die bildliche Vorstellung spielt auch bei der Symptomatik verschiedener psychischer Störungen und im Rahmen spezifischer, verhaltenstherapeutischer Störungsmodelle eine zentrale Rolle. Beispiele problematischer mentaler Bilder bei verschiedenen Störungsbildern sind in Tabelle 1 mit dem Ziel zusammengefasst, exemplarisch die Rolle mentaler Bilder bei unterschiedlichen Störungen zu veranschaulichen. Die imaginativen Techniken, die zur Behandlung verschiedener Störungsbilder zum Einsatz kommen, werden in Kapitel 4 vorgestellt.

Vorstellungsbilder bei verschiedenen psychischen Störungen

Tabelle 1: Beispiele problematischer mentaler Bilder bei verschiedenen Störungsbildern

Störungsbild	Inhalt der mentalen Bilder	Illustratives Beispiel	Ausgewählte Referenzen
Depression	• Mentale Bilder negativer Erinnerungen oder belastender imaginierter Ereignisse begleitet von starken Emotionen wie Traurigkeit, Angst, Schuld; auch suizidale intrusive mentale Bilder • Verarmung positiver Bilder	• Mentale Bilder früherer Mobbing-Erfahrungen: „In der Schule: Die anderen Kinder lachen mich aus." • Verarmte Vorstellung positiver zukünftiger Ereignisse: „Wenn ich an die Zukunft denke, ist alles blass; ich kann mich auf nichts freuen."	• Patel et al. (2007) • Holmes et al. (2016) • Morina et al. (2011)
Essstörungen	• Mentale Bilder in Bezug auf Essen, Körpergewicht oder Körperform • Bei Binge-Eating-Störung v.a. visuelle, gustatorische und olfaktorische mentale Bilder der ersehnten Nahrung • Bei Anorexia und Bulimia nervosa v.a. auf das eigene Körperbild bezogen	• Binge-Eating-Störung: mentale Bilder zum Konsum oder zu Konsum-Vorbereitungen großer Nahrungsmengen • Anorexia/Bulimia nervosa: Bilder der eigenen Person mit negativ verzerrten Körperwahrnehmungen (dicke Beine, zu viel Fett an spezifischen Körperstellen): „Ich sehe fett aus, das ist abstoßend."	• Hijne et al. (2021) • Kadriu et al. (2022) • Dugue et al. (2016) • Tiggemann & Kemps (2005)
Manische Phasen	• Emotionale mentale Bilder wirken als „emotionale Verstärker" und fördern emotionale Instabilität • Prospektive mentale Bilder („flash-forwards"): lebhaft, überzeugend, Gefühl von starker (Vor-)Freude	• Bilder der eigenen Person als überaus erfolgreich: „Ich erhalte Auszeichnungen und Preise; alle bewundern mich."	• Di Simplicio et al. (2016) • Ivins et al. (2014) • Hales et al. (2011)
Post-traumatische Belastungs-störung	• Flashbacks: intrusiv, wiederkehrend, unerwartet auftretende Bilder des traumatischen Erlebnisses; häufig verknüpft mit auditiven, taktilen oder olfaktorischen Sinnesreizen	• Plötzlich auftretende mentale Bilder des Täters, der Waffe, des Tatortes, des Unfallautos o.Ä.: „Ich sehe plötzlich das entgegenrasende Auto vor meinem inneren Auge aufprallen, höre die quietschenden Reifen, rieche den Qualm, sehe das Feuer."	• Holmes (2004) • Holmes et al. (2005)

Tabelle 1: Fortsetzung

Störungsbild	Inhalt der mentalen Bilder	Illustratives Beispiel	Ausgewählte Referenzen
Selbstverletzendes Verhalten	• Mentale Bilder des Selbstverletzens; Bilder und Sinneseindrücke, die das intensive Gefühl der Erleichterung nach der Selbstverletzung erlebbar machen	• Bild einer Klinge, die durch die Haut schneidet, und Blut, das aus der Wunde fließt: „Ich sehe, wie die Klinge langsam in meine Haut schneidet und das warme, rote Blut über mein Bein fließt."	• Lawrence et al. (2022) • Hasking et al. (2018)
Soziale Angst	• Negativ verzerrte mentale Bilder der eigenen äußeren Erscheinung • Fokus auf Bewertungen durch das soziale Umfeld und die eigenen körperlichen Symptome	• Bilder der eigenen Person während des ersten Arbeitstages: „Die anderen merken sicherlich, wie nervös ich bin – ich sehe aus wie ein Idiot mit meinem roten Kopf."	• Chiupka et al. (2012) • Hirsch et al. (2003) • Hirsch & Holmes (2007)
Substanzabhängigkeit	• Intensive und lebhafte mentale Bilder des Konsumverhaltens oder des Konsummittels, häufig multisensorisch verknüpft während des Suchtdrucks („Craving")	• Mentale Bilder zum Konsum oder zu Konsumvorbereitungen der jeweiligen Substanzmittel: „Ich sehe das Bier genau vor mir, kann es förmlich riechen und schmecken – es zu trinken würde mich glücklich machen und meine Sorgen wären weg."	• May et al. (2008) • Andrade et al. (2012)
Zwangsstörung	• Mentale Bilder von Kontamination • Mentale Bilder von inakzeptablen, gesellschaftlich tabuisierten Themen (v.a. bei Zwangsstörung mit Zwangsgedanken)	• Intensive Vorstellung über die Kontaminationsgefahr während einer Zugfahrt: „Ich sehe die Keime, die sich überall in diesem Abteil befinden und sich bei jeder Berührung auf meiner Haut ausbreiten, regelrecht vor mir."	• Coughtrey et al. (2015) • Speckens et al. (2007)

3 Indikation und Diagnostik

Im Folgenden werden die Indikation und der Nutzen imaginativen Arbeitens dargestellt sowie die Diagnostik im Zusammenhang mit imaginativen Techniken unter zwei Aspekten vorgestellt.

3.1 Indikation

Transdiagnostische Indikation

Da Emotionen und deren Veränderung im Zentrum jeder Therapie stehen, bietet es sich aufgrund des engen und wechselseitigen Zusammenhangs zwischen Emotionen und mentalen Bildern an, imaginative Interventionen transdiagnostisch einzusetzen. Je nach Therapieziel und Störung können verschiedene imaginative Techniken spezifiziert und schwerpunktmäßig in verschiedenen Settings (in Gruppen, stationär, ambulant) angewendet werden. Die Exploration mentaler Bilder dient der Elaboration der Fallanalyse bzw. Verhaltensanalyse. Allgemein betrachtet können mittels imaginativer Techniken Emotionen aktiviert, reguliert und verändert werden. Je nach Anwendungsbereich kann es jedoch hilfreich sein, genauere Hinweise zur Indikation und Kontraindikation der einzelnen imaginativen Techniken zu beachten (vgl. hierzu die Hinweise bei den jeweiligen Interventionen in Kapitel 4). Sollte imaginative Arbeit nicht indiziert oder vonseiten des Patienten aus nicht möglich sein, kann mit anderen erlebensorientierten Techniken wie beispielsweise Stuhldialogen gearbeitet werden (Kellogg & Garcia Torres, 2021; Pugh, 2018). Bei klaren Kontraindikationen stellen Kognitive Techniken, Übungen aus der emotionsbezogenen Psychotherapie nach Lammers (Lammers, 2011), Akzeptanz- und Commitment-Therapie (ACT; Hayes, 2016) oder Skills aus der Dialektisch-Behavioralen Therapie (DBT; Linehan & Wilks, 2015) je nach Zielsetzung Behandlungsalternativen dar, um auf Emotionen Einfluss zu nehmen.

3.2 Diagnostische Verfahren

Diagnostik im Rahmen imaginativer Arbeit bezieht sich zum einen auf die Erfassung individuell unterschiedlicher Imaginationsneigung und Imaginationsfähigkeit, mit dem Ziel, diese, falls notwendig, zu fördern. Menschen unterscheiden sich in ihrer allgemeinen Imaginationsfähigkeit und darin, wie sie in ihrem alltäglichen Leben bildlich denken. Es stehen verschiedene Instrumente zur Verfügung, um die Imaginationsneigung und die Imaginationsfähigkeit zu erfassen. Diese Instrumente kommen vor allem im Forschungsbereich zum Einsatz, können aber auch im psychotherapeutischen Setting genutzt werden. Unter einem zweiten Aspekt geht es um den Einsatz innerer Bilder als Diagnostikum im Rahmen der Kognitiven Verhaltenstherapie (KVT) mit dem Ziel der Erstellung einer Mikroanalyse und Integration in eine umfassende Verhaltensanalyse, aus der wiederum die nächsten Schritte der therapeutischen Arbeit abgeleitet werden.

3.2.1 Feststellung der Imaginationsfähigkeit

Erfassung individueller Unterschiede in der Imaginationsneigung

Individuelle Unterschiede in der Imaginationsneigung. Die Spontaneous Use of Imagery Scale (SUIS) (Kosslyn, Chabris, Shephard & Thompson, 1998; Nelis, Holmes, Griffith & Raes, 2014) ist ein Fragebogen zur Erfassung individueller Unterschiede im alltäglichen Gebrauch mentaler Vorstellungsbilder. Eine deutschsprachige Adaption liegt von Görgen, Hiller und Witthöft (2016) vor.

Itembeispiele aus dem SUIS (Görgen et al., 2016)

- „Wenn ich mich in einem Geschäft nach neuen Möbeln umschaue, dann stelle ich mir immer bildlich vor, wie die Möbel an bestimmten Stellen meiner Wohnung aussehen würden.“
- „Wenn ich daran denke, eine/n Verwandte/n zu besuchen, habe ich fast immer ein klares mentales Bild von ihr/ihm.“
- „Wenn ich an einen bevorstehenden Vortrag oder an ein wichtiges Gespräch denke, dann stelle ich mir diese Szene bildlich vor.“

Erfassung individueller Unterschiede in der Imaginationsfähigkeit

Individuelle Unterschiede in der Imaginationsfähigkeit. Zur Erfassung der Imaginationsfähigkeit wurde der Vividness of Visual Imagery Questionnaire (VVIQ; Marks, 1973) und das Plymouth Sensory Imagery Instrument (PSI-Q; Andrade, May, Deeprose, Baugh & Ganis, 2014) entwickelt. Während der VVIQ sich auf die visuelle Modalität begrenzt, werden im PSI-Q alle Sinnesmodalitäten erfasst. Zu beiden Instrumenten liegt eine deutschsprachige validierte Adaption vor (Jungmann, Becker & Witthöft, 2022). Eine individuelle und subjektive Erfassung der Imaginationsfähigkeit kann auch mithilfe einer allgemeinen Vorstellungsübung erfolgen (vgl. Kasten). Hierbei kann die Lebhaftigkeit der Vorstellung für verschiedene Sinnesmodalitäten erfragt werden (z. B. „Wie lebhaft konnten Sie sich die Situation auf einer Skala von 1 bis 10 vorstellen?“).

Erfassung der Lebhaftigkeit und der emotionalen Beteiligung durch mentale Bilder. Im Anschluss an die Durchführung einer Imaginationsübung kann es hilfreich sein, die Lebhaftigkeit der mentalen Bilder und die emotionale Aktivierung während der Imagination zu erfassen und zu skalieren. Im Anhang auf Seite 77 lässt sich eine Vorlage für eine kompakte Selbstberichtsskala zur „Erfassung der Lebhaftigkeit und der emotionalen Beteiligung durch mentale Bilder" finden. Die Fragen können je nach Anwendungsbereich variiert werden.

Förderung der Imaginationsfähigkeit

Förderung der Imaginationsfähigkeit. Menschen unterscheiden sich in ihrer Imaginationsfähigkeit. Es kann daher nützlich sein, im Vorfeld der therapeutischen Arbeit anhand imaginativer Techniken die Imaginationsfähigkeit zu erfassen und diese bei Bedarf durch allgemeine Imaginationsübungen zu fördern. Inhaltlich eignen sich dafür neutrale Alltagssituationen, in denen der Patient als Agierender auftritt. Die betreffenden mentalen Bilder sollten multisensorisch ausgestaltet werden und als therapeutische Hausaufgabe bis zur deutlichen Verbesserung der Imaginationsfähigkeit täglich vom Patienten aufgerufen und in allen Details vorgestellt werden. Hierzu eignen sich Übungen, in denen mit einfachen Alltagsbildern geübt wird (vgl. Kasten).

Allgemeine Imaginationsübung

„In welchem Raum in Ihrer Wohnung bzw. in Ihrem Haus halten Sie sich am liebsten auf? Stellen Sie sich vor, Sie betreten diesen Raum. Was nehmen Sie vor Ihrem inneren Auge wahr? Was können Sie sehen; welche Geräusche hören Sie? Gehen Sie durch den Raum, berühren Sie die Möbel und andere Gegenstände. Wie fühlen diese sich an? Können Sie Gerüche wahrnehmen? Wie fühlen Sie sich gerade? Was spüren Sie in Ihrem Körper?"

Therapeutische Haltung bei Afantasie

Einigen Menschen fehlt die Fähigkeit, sich etwas bildlich vorzustellen, vollkommen. Dieses Phänomen, was in der Literatur als *Afantasie* beschrieben wurde, betrifft nach Schätzungen etwa 2% der Bevölkerung, wobei belastbare Zahlen aufgrund einer geringen Studienlage fehlen (Keogh & Pearson, 2018). Wenn Patienten Schwierigkeiten haben, sich etwas bildlich vorzustellen, sollte der Therapeut eine validierende und normalisierende Haltung einnehmen:

Es ist nicht immer einfach, sich etwas bildlich vorzustellen. Das fällt vielen Menschen schwer. Das Wichtige ist, dass Sie sich darauf eingelassen haben und Ihre Vorstellungsfähigkeit trainieren wollen.

Falls sich die Imaginationsfähigkeit nicht verbessert, sollte versucht werden, mit dem zu arbeiten, was möglich ist, oder auf alternative Techniken zurückgegriffen werden (vgl. Tabelle 3 auf Seite 21).

3.2.2 Diagnostischer Einsatz von inneren Bildern

Erfassung intrusiver mentaler Bilder nach traumatischen Erlebnissen. Die Impact of Event Scale (IES-R; Weiss & Marmar, 1997) ist ein Selbstbeurteilungsverfahren zur Messung posttraumatischer Belastungsreaktionen. Der Fragebogen besteht aus drei Subskalen: Intrusion, Vermeidung und Übererregung. Die Subskala zu Intrusionen enthält Items, die spezifisch intrusive mentale Bilder erfragt (z.B. „Bilder, die mit dem Ereignis zu tun hatten, kamen mir plötzlich in den Sinn"). Eine validierte deutschsprachige Version des Fragebogens ist verfügbar (Maercker & Schützwohl, 1998).

Erfassung intrusiver mentaler Bilder

Erfassung von Vorstellungsbildern und damit zusammenhängenden Emotionen. Eine umfassende Diagnostik im Rahmen der KVT sollte auch die Erfassung mentaler Bilder berücksichtigen (Hales et al., 2014). Es ist dabei oftmals nicht ausreichend, Patienten lediglich dazu zu ermutigen, mentale Bilder ins Bewusstsein zu holen, da Angst und Vermeidung zu stark sein oder ungünstige metakognitive Überzeugungen im Weg stehen können (Hackmann et al., 2011). Eine günstige Herangehensweise ist es, Patienten in vivo oder in sensu mit problematischen Situationen zu konfrontieren, die mentale Bilder auslösen, um diese dann eingehend beschreiben zu lassen und die kognitiven Bedeutungen, metakognitiven Überzeugungen und die Reaktion des Patienten zu erkunden (Hackmann et al., 2011). Oftmals ist es auch notwendig, mithilfe der sogenannten Affektbrücke die biografischen Wurzeln der Bilder aufzudecken (vgl. Kasten).

Erfassung von Vorstellungsbildern und damit zusammenhängenden Emotionen

Zwischen aktuellen Gefühlen und Erinnerungen: Die Affektbrücke

Die Affektbrücke wurde erstmals von Watkins (1971) beschrieben. Ziel dieser Technik ist es, Zusammenhänge zwischen dem aktuellen emotionalen Erleben des Patienten und früheren traumatischen oder belastenden Erlebnissen aufzudecken, um dem Patienten ein besseres Verständnis und eine bessere Einordnung seines Erlebens zu ermöglichen. Um mit der Affektbrücke zu arbeiten, werden belastende Erfahrungen aus dem aktuellen Leben des Patienten oder starke negative Emotionen, Bilder, Gedanken und Körperempfindungen, die in der Sitzung auftreten, als Ausgangspunkt genommen. Das Erleben wird in seinen multisensorischen Qualitäten sowie den auftretenden Gefühlen, Körperempfindungen und Kognitionen erkundet und der Patient wird gebeten, sich vollständig darauf zu konzentrieren, während er die Auslösesituation verblassen lässt. Der Patient soll dabei assoziativ Bilder aus der Vergangenheit aufsteigen lassen, ohne gezielt danach zu suchen. Diese Bilder werden wiederum in allen Qualitäten erkundet. Auf diese Weise kann ein Zugang zu emotionalen Schlüsselsituationen geschaffen werden, die für die Diagnostik relevant sind oder auch Ausgangspunkt für die Arbeit mit imaginativen Techniken zur Reduktion und Transformation negativer Gefühle sein können.

Affektbrücke zur Aufdeckung von Zusammenhängen zwischen belastenden Erlebnissen und aktuellen Gefühlen

Erfassung von Vorstellungsbildern mit Protokollen

Die Erfassung von Vorstellungsbildern außerhalb der Therapiesitzung kann auch durch einfache Protokolle ergänzt werden, wie beispielsweise mit einem Spaltenprotokoll negativer Gedanken (Hautzinger & Pössel, 2017), ergänzt um eine Spalte für Vorstellungsbilder (vgl. Abbildung 1). Dadurch werden Vorstellungsbilder im Zusammenhang mit konkreten Auslösern und den einhergehenden emotionalen Veränderungen erkennbar. Die entsprechenden Protokolle können als Hausaufgabe zwischen den Sitzungen eingesetzt werden. Eine Vorlage für ein „Spaltenprotokoll" findet sich im Anhang auf Seite 78.

Datum	Situation	Gedanke/ Vorstellungsbild	Gefühl	Bedeutung

Abbildung 1: Beispiel für ein Spaltenprotokoll (modifiziert nach Hackmann et al., 2011)

Erfassung von Vorstellungsbildern in der Mikroanalyse

Erfassung von Vorstellungsbildern in der Mikroanalyse. Mentale Bilder können auch als Teil der Verhaltensanalyse in die Diagnostik einfließen. Eine ausführliche Schritt-für-Schritt-Anleitung findet sich in Hales et al. (2015). Zunächst sollte erklärt werden, was unter bildlicher Vorstellung verstanden wird (vgl. Kapitel 4.1). Im Anschluss kann der Therapeut nach Erfahrungen des Patienten mit Vorstellungsbildern, die einen starken emotionalen Einfluss haben, fragen. Beispiele sind Vorstellungsbilder, die mit Gefühlen wie Ängstlichkeit oder Scham einhergehen (vgl. Tabelle 2). Wenn ein entsprechendes Bild gefunden wurde, kann in der Mikroanalyse im Detail betrachtet werden, was der Inhalt, die Bedeutung und der Einfluss des Bildes sind (vgl. Abbildung 2).

Tabelle 2: Hilfreiche Fragen zum Erstellen der Mikroanalyse von Vorstellungsbildern (modifiziert nach Hales et al., 2015)

Komponente	Instruktionen	Hilfreiche Fragen
Beschreibung des Vorstellungsbilds	Lassen Sie sich das Vorstellungsbild im Detail beschreiben. Explorieren Sie alle Sinnesmodalitäten, visuell, auditiv, olfaktorisch, taktil.	„Führen Sie sich das Bild vor Augen. Was können Sie sehen, hören, ...?"
Emotionen	Erkunden Sie, wie der Patient sich fühlt, während er das Bild vor Augen hat.	„Wie fühlen Sie sich jetzt in diesem Moment?"

Tabelle 2: Fortsetzung

Komponente	Instruktionen	Hilfreiche Fragen
Bewertung	Erkundigen Sie sich, wie der Patient das Bild bewertet, welche Bedeutung er dem Bild zuschreibt.	„Warum macht Ihnen das Vorstellungsbild Angst? Was bedeutet das für Sie?"
Einfluss des Vorstellungsbilds	Explorieren Sie die Implikationen und Konsequenzen des Vorstellungsbilds.	„Was sagt es über Sie aus, dass Sie diese Vorstellung haben? Was macht es mit Ihnen, mit Ihren Gedanken und Ihrem Verhalten?"
Aufrechterhaltende Faktoren	Explorieren Sie, was der Patient tut, wenn er das Vorstellungsbild erlebt.	„Was tun Sie, wenn das Vorstellungsbild auftaucht? Versuchen Sie, das Bild zu ignorieren, wegzuschieben oder im Bild zu verweilen?"

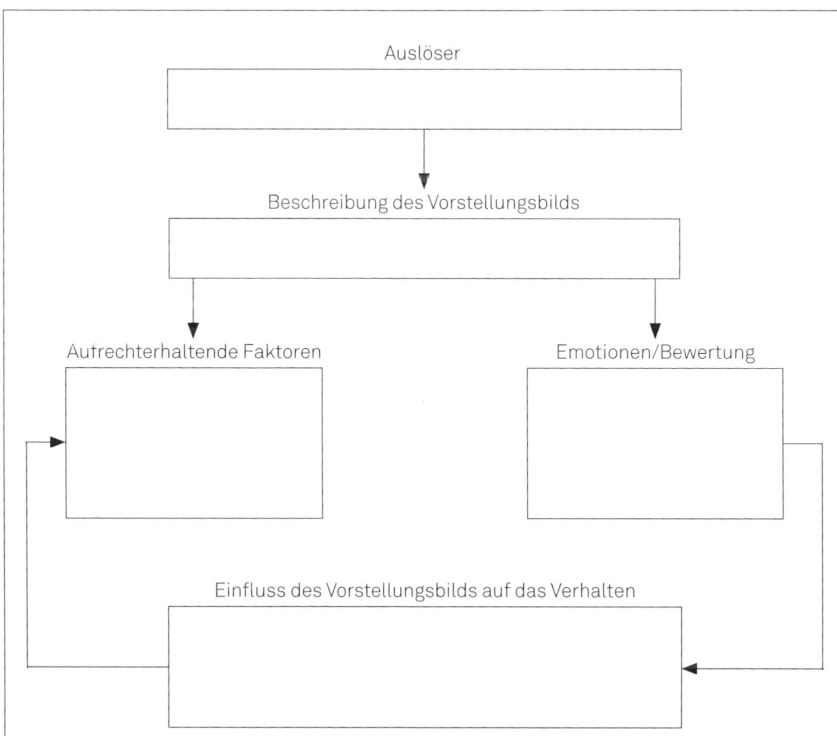

Abbildung 2: Mikroanalyse von Vorstellungsbildern (modifiziert nach Hales et al., 2015)

4 Interventionen und Behandlungsverfahren

Dieses Kapitel klärt zunächst die allgemeinen Voraussetzungen zum Einsatz imaginativer Techniken in der Psychotherapie. Anschließend wird die Durchführung verschiedener, in der klinischen Arbeit bedeutsamer, imaginativer Techniken praxisnah erläutert.

4.1 Allgemeine Voraussetzungen

Begriffsklärung und Darstellung der Rationale

Begriffsklärung und Darstellung der Rationale. Patienten haben möglicherweise keine klare Auffassung davon, was mit bildlicher Vorstellung gemeint ist. Unter Umständen bestehen aufseiten der Patienten auch Vorbehalte gegenüber dem Arbeiten mit imaginativen Techniken. Diese könnten als Fantasien, unrealistisch, verrückt und nicht der Wirklichkeit entsprechend empfunden und negativ bewertet werden. Es ist daher wichtig, zunächst eine normalisierende Einführung und ein Rational für die Durchführung der Technik zu geben. In das Thema „Was ist eine bildliche Vorstellung" könnte beispielsweise folgendermaßen eingeführt werden:

> Vielen Menschen geht es so, dass, wenn Sie an emotional belastende Ereignisse aus ihren Leben denken, ihnen viele Gedanken durch den Kopf gehen. Solche Gedanken können eher eine abstrakte, verbale Form haben oder lebhafte Vorstellungsbilder sein. Solche Vorstellungsbilder werden oft wie eine Abbildung der Wirklichkeit erlebt und können mit körperlichen und emotionalen Empfindungen einhergehen. Genau so, als ob Sie tatsächlich in der Situation wären. Kennen Sie auch solche Vorstellungsbilder?

Bei Patienten, die Schwierigkeiten haben zu verstehen, was mit bildlicher Vorstellung gemeint ist, kann es helfen, eine einfachere Definition anzubieten:

> Wenn Menschen über Situationen und Dinge in ihrem Leben nachdenken, können sie diese manchmal vor ihrem inneren Auge sehen. Solche lebhaften Erinnerungen können sehr klar und deutlich sein, manchmal aber auch

> verschwommen und ohne Zusammenhang. Gibt es bestimmte Situationen oder Ereignisse aus Ihrem Leben, an die Sie sich besonders gut erinnern? Die Sie sich vor Augen führen können?

Um zu verhindern, dass mögliche Vorbehalte gegenüber imaginativen Techniken die Durchführung und damit die Wirksamkeit beeinträchtigen, sollte ein einfach verständliches Therapierational geboten werden. Hierbei kann es einerseits hilfreich sein, Befunde aus der Grundlagenforschung zu Imagination heranzuziehen (vgl. Kapitel 2):

> Wir wissen aus neurowissenschaftlicher Forschung, dass bei bildlicher Vorstellung und tatsächlicher Wahrnehmung ähnliche Prozesse im Gehirn ablaufen.

Andererseits kann es sinnvoll sein, Analogien zu anderen Lebensbereichen zu ziehen:

> Profisportler nutzen Imaginationsübungen, um ihre Leistung zu steigern und bestimmte Bewegungsabläufe mental einzuüben. Auf die gleiche Weise lässt sich die Imagination im therapeutischen Setting nutzen, um bestimmte Handlungssequenzen durchzuspielen und neue Verhaltensweisen einzuüben.

Außerdem kann auf den möglichen zusätzlichen Nutzen einer Vorstellungsübung gegenüber realen Verhaltensexperimenten in vivo eingegangen werden:

> - Imaginative Übungen bieten die Möglichkeit, im sicheren Rahmen der Therapie neue Verhaltensweisen auszuprobieren – auch wenn es vielleicht manchmal unrealistisch erscheint. In der Imagination ist alles möglich.
> - Auf diese Weise können Sie gewissermaßen ausprobieren, wie sich bestimmte Verhaltensweisen anfühlen, bevor Sie diese in der Wirklichkeit erproben.

Bedeutung der therapeutischen Beziehung

Therapeutische Beziehung. Eine tragfähige, vertrauensvolle therapeutische Beziehung, in der der Patient sich verstanden und aufgehoben fühlt, gilt als wesentliche Voraussetzung für das Gelingen der Behandlung unabhängig von der Art der Störung und der jeweiligen therapeutischen Ausrichtung. Die Arbeit mit imaginativen Techniken erfordert in besonderem Maße die Vermittlung von Sicherheit, wohlwollender Akzeptanz, aufrichtigem Interesse und feinfühlendem Eingehen auf die Äußerungen des Patienten, der in höherem Maße Kontrolle aufgibt als im Setting einer rein behavioralen oder kognitiven Therapie. Eine besondere Bedeutung hat die therapeutische Beziehung in der Arbeit mit Imaginativem Überschreiben bei traumatisierten Patienten. In einigen Varianten dieser Technik kann der Therapeut als Helfer zur imaginierten Entmachtung eines Täters und zur Erfüllung der Bedürfnisse des Patienten in der imaginierten Szene herangezogen werden (vgl. Kapitel 4.3.3). Es ist davon auszugehen, dass eine vertrauensvolle therapeutische Beziehung hierzu von großer Bedeutung ist.

Rahmenbedingungen imaginativer Arbeit

Erfahrung von Sicherheit und Kontrolle ist wesentlich

Rahmenbedingungen. Imaginative Arbeit unterscheidet sich von kognitiv- und verhaltensorientierten Herangehensweisen in der KVT durch Setting (geschlossene Augen, Fokussierung auf das innere Erleben) und Erlebnisorientierung. Da es zu einer starken Emotionsaktivierung kommen kann, die unter Umständen Kontrollverlustängste hervorruft, sollten die Rahmenbedingungen so gestaltet werden, dass der Patient Sicherheit, Kontrolle und Geborgenheit erfährt. Die Gestaltung der Rahmenbedingungen sollte sich in jeden Fall an den individuell unterschiedlichen Bedürfnissen des Patienten orientieren. Bei Patienten, die unter einem hohen Angst- oder Anspannungsniveau stehen, kann es zudem hilfreich sein, zunächst zu Beginn der Sitzungen Entspannungsübungen durchzuführen. Diese können ein Gefühl von Geborgenheit und Sicherheit im Therapieraum vermitteln. Von besonderer Bedeutung ist dies bei der Behandlung von Patienten mit traumatischen Erfahrungen, deren Sicherheitsbedürfnis zutiefst verletzt wurde und deren allgemeine Anspannung in der Regel sehr hoch ist. Um Gefühle von Sicherheit und Kontrolle zu vermitteln, kann vorab ein *sicherer Ort* (vgl. Kapitel 4.3.1) gemeinsam mit dem Therapeuten erschaffen werden. In der entsprechenden Übung wird ein imaginativer Ort kreiert, an dem der Patient sich besonders wohl und sicher fühlt und an den er sich bei Bedarf in seiner Vorstellung zurückziehen kann. Wie genau der innere Ort, der sowohl reale als auch fiktive Elemente enthalten kann, ausgestaltet wird, sollte sich an den Bedürfnissen des Patienten orientieren (Reddemann, 2022). Allerdings ist darauf hinzuweisen, dass stabilisierende Interventionen vor der eigentlichen therapeutischen Arbeit mit dem Trauma in der therapeutischen Versorgung von Patienten zwar regelmäßig eingesetzt werden, dass deren Notwendigkeit und Nutzen aber aufgrund der nicht eindeutigen Evidenzlage auch kritisch diskutiert werden (Herzog, Kaiser & de Jongh, 2023).

Vor- und Nachbesprechung einer Imaginationsübung. Unabhängig von der konkreten Zielsetzung der imaginativen Technik sollte ausreichend Zeit für eine Vor- und Nachbesprechung eingeplant werden. Die Vorbesprechung dient der Klärung von Zielen, Erwartungen und bietet die Möglichkeit auf eventuelle Vorbehalte, Zweifel und Befürchtungen aufseiten des Patienten einzugehen. Die Nachbesprechung bietet Raum für Reflexion, emotionale Verarbeitung und Integration sowie zum Transfer der Erkenntnisse in den Alltag. Eine Anleitung für Therapeutinnen und Therapeuten zur Vor- und Nachbesprechung von Imaginationsübungen findet sich im Anhang auf Seite 79.

4.2 Durchführung imaginativer Techniken

Im Folgenden wird die Durchführung verschiedener, in der klinischen Arbeit bedeutsamer imaginativer Techniken praxisnah erläutert. Dabei wird auf Einzelheiten zur Vorbereitung und Durchführung der jeweiligen Technik eingegangen, wie auch auf deren Besonderheiten. Der Begriff „imaginative Techniken" ist sehr weit und umfasst eine Vielzahl an therapeutischen Interventionen, bei denen im weitesten Sinne imaginativ gearbeitet wird. Auch die Zielsetzung der verschiedenen Techniken ist divers und reicht von der Entwicklung und Förderung emotionaler Kompetenz, über die Ressourcenaktivierung und Entwicklung positiver Gefühle durch Kompetenzerwerb und Problemlösefertigkeiten bis hin zur Reduktion und Transformation negativer Gefühle. Während letztere auf die Reduktion von Symptomen gerichtet sind und damit auf die Verminderung negativer Emotionen, zielt der Aufbau positiver Bilder transdiagnostisch auf die Entwicklung und Förderung positiver Emotionen beispielsweise im Bereich von Selbstwirksamkeit, Selbstwert oder sozialer Kompetenz, wobei einzelne Techniken beide Ziele, nämlich die Verminderung negativer und das Hervorrufen positiver Emotionen, miteinander kombinieren. Imaginative Interventionen werden auch in der Problemaktualisierung eingesetzt, und können besonders dann weiterführen, wenn der Klärungsprozess auf verbaler Ebene aus unterschiedlichen Gründen stockt (Hackmann et al., 2011). Mentale Bilder eignen sich, um diagnostisch Informationen über emotionale Situationen zu erfassen, und haben das Potenzial, mehr Informationen zu liefern als verbale Ausdrucksformen (Hackmann et al., 2011). Bereits A. T. Beck (1971) bemerkte, dass dysfunktionale Kognitionen in Form von mentalen Bildern (d. h. „bildhaften" Kognitionen) sowie verbalen Gedanken auftreten können (Renner & Holmes, 2018). Eine allumfassende Darstellung dieser Techniken würde den Umfang dieses Buches sprengen. Vielmehr sollen einzelne Anwendungsbereiche detailliert beleuchtet werden.

Zielsetzung der verschiedenen imaginativen Techniken

Zwischen mentalen Bildern und Emotionen besteht eine besondere Beziehung. Im Vergleich zur verbalen, sprachbasierten Verarbeitung rufen Imaginationen leichter Emotionen hervor (Holmes & Mathews, 2005, 2010). Im Hinblick auf die altersabhängige Art der Encodierung von Erinnerungen, die bei Kindern primär bildhaft abgespeichert werden, bietet imaginative Arbeit besonders bei der Behandlung von Traumafolgestörungen den Vorteil, über Imagination einen direkten Zugang zu bedeutsamen biografischen Erlebnissen zu erlangen (Hackmann et al., 2011). In der Betrachtung des Zusammenhangs von der Emotion ausgehend wird das Erleben starker Emotionen von mentalen Bildern begleitet, die somit eine besondere Möglichkeit bieten, um

Wechselseitige Beziehung zwischen mentalen Bildern und Emotionen

in der Therapie auf die emotionale Ebene zu gelangen und dort Veränderung zu erzielen (Hackmann et al., 2011). Da Emotionen und deren Veränderung transdiagnostisch und verfahrensübergreifend im Zentrum der Therapie stehen, bieten sich imaginative Techniken zur Erforschung und Veränderung bzw. Entwicklung von Emotionen an. Auf die Erhebung und Reflexion der mentalen Bilder zur Informationsgewinnung über kognitive Grundannahmen bzw. -überzeugungen und metakognitive Überzeugungen, die wiederum den kognitiven Anteil der therapeutischen Arbeit erleichtern, wurde in Kapitel 3.2 bereits eingegangen.

Probleme bei der Durchführung imaginativer Techniken

Die Durchführung imaginativer Techniken kann aus verschiedenen Gründen problematisch sein

Angesichts der Vielfalt und speziellen Indikationsbereiche imaginativer Techniken sind Probleme bei der Durchführung zum Teil sehr spezifisch. Auf diese Besonderheiten wird bei der Beschreibung der jeweiligen Techniken verwiesen. Über die unterschiedlichen imaginativen Interventionen hinweg können eine unzureichende Imaginationsfähigkeit und eine negative Einstellung oder Bewertung des therapeutischen Vorgehens durch den Patienten die Arbeit mit imaginativen Techniken erschweren. Falls diese Probleme auftreten, sind zunächst andere Interventionen erforderlich, um die notwendigen Voraussetzungen für imaginatives Arbeiten herzustellen (vgl. Kapitel 4.1). Sollte auch dies nicht gelingen, stellen die in Tabelle 3 auf Seite 21 aufgeführten Techniken aus verschiedenen therapeutischen Ansätzen eine Alternative dar.

Umgang mit emotionaler Vermeidung

Eine besondere Herausforderung ist der Umgang mit emotionaler Vermeidung. In vielen Indikationsbereichen werden imaginative Techniken zur Emotionsaktivierung eingesetzt. Eine besondere Herausforderung stellt die Arbeit mit imaginativen Techniken bei emotional vermeidenden Patienten dar. Patienten mit Emotionsvermeidungstendenzen werden versuchen, eher auf einer kognitive Interaktionsebene zu bleiben und sich entsprechend entweder nicht auf Imaginationsübungen einlassen, sich nur vordergründig einlassen oder diese abbrechen (Jacob & Tuschen-Caffier, 2011). Sehr anschaulich wird dies in der Sprache der Schematherapie beschrieben. Demnach befinden sich Patienten mit Emotionsvermeidung im distanzierten Selbstschutzmodus *(detached protector)* oder im vermeidenden Selbstschutzmodus *(avoidant protector)*. Die Auseinandersetzung mit Gefühlen oder Situationen, in denen Gefühlserleben auftreten kann (z. B. Konfliktsituationen), werden vermieden oder abgedämpft (z. B. durch Alkohol oder Medikamente). In diesen Modi lassen sich Patienten zwar möglicherweise vordergründig auf die Imagination ein, vermeiden aber die damit einhergehenden Emotionen. Diese dysfunktionalen Bewältigungsmodi können in der Mikroanalyse festgehalten und durch kognitive Interventionen überwunden werden, beispielsweise durch die Erarbeitung der kurz- und langfristigen Vor- und Nachteile der dysfunktionalen Bewältigungsstrategien (Jacob & Arntz, 2022). Ebenso können im Rahmen von Stuhldialogen emotionsvermeidende Bewältigungstendenzen relativiert werden (Jacob & Arntz, 2022). Grundsätzlich kann die Bereitschaft, sich über Imaginationsübungen auf die Erlebensebene einzulassen, durch Psychoedukation zu Emotionen und dysfunktionalen Strategien der Emotionsbewältigung gefördert werden. Wenn eine grundsätzliche Bereitschaft besteht, sich auf die Erlebensebene einzulassen, bietet gerade die emotionsfokussierende Technik der Imagination eine Chance, dysfunktionale Vermeidung zu überwinden und zu lernen, dass Gefühle aushaltbar sind und eigenständig reguliert werden können.

Bilder können sich spontan entwickeln und als schwer kontrollierbar empfunden werden. Imagination kann schmerzhafte, beängstigende Bilder auslösen, die die Gefahr der Überflutung oder der kompensatorischen Dissoziation in sich bergen. Sich auf die Ebene innerer Bilder einzulassen und darüber mit dem Therapeuten zu kommunizieren, kann besonders für Menschen mit schweren psychischen Erkrankungen sowie für traumatisierte Patienten verunsichernd sein und sich riskant anfühlen.

Vorbehalte gegen imaginatives Arbeiten

Erfahrungen in dieser gegenüber dem vertrauten Denken und Nachdenken ungewohnten Modalität können assoziativ in die Nähe zum Verrücktsein, „Spinnen“ sowie zu kindlichen Fantasien rücken und aufgrund dieser metakognitiven Bewertungen und der Angst, nicht normal zu sein oder sich lächerlich zu machen, vermieden werden. Auch eine hohe Leistungsorientierung mit Versagensangst (z. B. *„So etwas kann ich nicht“*) kann erschweren oder verhindern, dass sich Patienten auf diese Erlebensebene einlassen. Die Validierung entsprechender Befürchtungen, die Herstellung des Zusammenhangs mit aus der Anamnese bekannten biografischen Themen und Fakten sowie eine entsprechende Psychoedukation des Patienten kann die Bereitschaft fördern, sich auf diese Arbeitsebene einzulassen. Auch der Verweis auf Studien kann in diesem Zusammenhang hilfreich sein und die Rationale für das Arbeiten mit imaginativen Techniken stärken:

> Studien haben gezeigt, dass Imagination sich positiv in verschiedenen Lebensbereichen auswirken kann.

4.3 Beschreibung verschiedener imaginativer Techniken und ihrer Zielorientierung

Imaginative Techniken können den sogenannten erlebensorientierten Interventionen zugeordnet werden, die über die Transformation negativer bzw. durch das Hervorrufen positiver Bilder positive emotionale Erfahrungen bewirken. Je nach therapeutischem Ansatz können imaginative Techniken in Verbindung und teilweise in enger Verzahnung mit kognitiven Interventionen und verhaltensbezogenen Techniken zu einer Reduktion der jeweiligen Symptomatik und der Entwicklung neuer, funktionaler Problemlösefähigkeiten führen.

Der Einsatz imaginativer Techniken kann, wie erwähnt und in Tabelle 3 dargestellt, verschiedenen Zwecken dienen. Neben den hier beschriebenen imaginativen Interventionen gibt es zudem eine Vielzahl alternativer verhaltenstherapeutischer Techniken und Methoden, welche dieselben Ziele verfolgen und ebenfalls in Tabelle 3 zusammengefasst sind.

Imaginative Techniken unterscheiden sich in ihrer Zielsetzung

Im Bereich der *Entwicklung und Förderung emotionaler Kompetenz* ist der Erwerb bzw. die Verbesserung der Entspannungsfähigkeit ein wesentliches Ziel (Berking et al., 2008). Hier kommen unter anderem imaginative Techniken zum Einsatz. Der Mehrwert von Imagination im Vergleich zu anderen entspannungsorientierten Techniken, wie beispielsweise der Progressiven Muskelentspannung oder Atemübungen, ist jedoch nicht erkenntlich oder empirisch belegt. In diesem Bereich ist es daher womöglich eher eine Frage der individuellen Vorlieben (der Therapeuten und der Patienten), ob imaginativ oder mit anderen Entspannungsverfahren gearbeitet wird. Traumatisierte Patienten, für die körperliche Erfahrungen häufig traumaassoziiert sind, können sich unter Umständen eher auf eine imaginative Ebene begeben und davon profitieren.

Im Bereich der *Entwicklung und des Aufbaus positiver Gefühle* sind Erfahrungen von Selbstwirksamkeit und positivem Selbstwerterleben zentral. Ein allgemeines therapeutisches Ziel besteht darin, durch Imagination positive Gefühle, Selbstwirksamkeit und Kompetenz spürbar zu machen. Der Mehrwert imaginativer Techniken in diesem Bereich zeichnet sich vor allem dadurch aus, dass die positiven Gefühle in der Imagination unmittelbar erlebt werden und somit über ein rational-kognitives Verständnis von Kompetenz- und Fertigkeitstrainings hinausgehen.

Im Bereich der *Reduktion und Transformation negativer Gefühle* ist die Veränderung negativer Emotionen und Grundüberzeugungen ein wesentliches Ziel. In diesem Bereich können imaginative Techniken weiter in Expositionstechniken, Imaginatives Nacherleben und Imaginatives Überschreiben unterteilt werden. Im Rahmen der Exposition in sensu kann entweder vorbereitend oder als Ersatzerfahrung imaginativ gearbeitet werden. Letzteres kann unter anderem nützlich sein, wenn eine Exposition in vivo in der Gestaltung zu aufwendig wäre oder praktisch nicht durchführbar ist. Die Imagination dient somit als „Ersatzerfahrung" zu realen Bedingungen und erfüllt dadurch einen pragmatischen Zweck. Bei der Generalisierten Angststörung und bei Zwangsgedanken hingegen kann im Hinblick auf die sich auf kognitiver Ebene manifestierende Störung nur Konfrontation in sensu stattfinden. Im Rahmen emotionsfokussierender Arbeit, wie etwa beim Imaginativen Überschreiben,

Mehrwert emotionsfokussierter imaginativer Arbeit

Tabelle 3: Übersicht imaginativer Techniken

Imaginative Techniken zur …		Beispiele für imaginative Techniken	Ziel	Beispiele für alternative Techniken
1. Entwicklung und Förderung emotionaler Kompetenz	a) Reduktion von affektiver Hochspannung und Förderung von Entspannung	• Sicherer Ort • Ruhebilder, Fantasiereisen	• Spannungsreduktion und Wohlbefinden durch Erleben vegetativer Balance	• Achtsamkeitsübungen • Progressive Muskelentspannung (PMR)
	b) Sicherheit, Selbstberuhigung und Distanzierung von Belastungen und belastenden Erinnerungen	• Innere Helfer • Gepäck ablegen	• Erfahrung von Sicherheit, Selbstberuhigung und Kontrolle • Verringerung von erfahrener Belastung	• Atem- und Entspannungsübungen • Skills aus der DBT
2. Entwicklung und Aufbau positiver Gefühle	a) Entwicklung von Selbstwirksamkeits- und Kompetenzerleben	• Bewältigungsimaginationen	• Erfahrung von Selbstwirksamkeit	• Soziales Kompetenztraining • Trainings spezifischer Fertigkeiten
	b) Entwicklung eines positiven Selbstwerterlebens	• Training mitfühlenden Denkens • Competitive Memory Training (COMET)	• Positives Selbstwerterleben	• Kognitive Umstrukturierung • Positive Selbstverbalisationen
3. Reduktion und Transformation negativer Gefühle	a) Veränderung konditionierter negativer Gefühle	• Exposition in sensu im Sinne der klassischen Verhaltenstherapie	• Reduktion von dysfunktionalen Gefühlen hinsichtlich bestimmter Reizkonstellationen	• Exposition in vivo
	b) Veränderung negativer Gefühle mit biografischem Bezug	• Imaginatives Nacherleben • Imaginatives Überschreiben	• Veränderung dysfunktionaler Emotionen und Grundüberzeugungen	• Narrative Therapie • Emotionsfokussierte Therapie
	c) Veränderung negativer Gefühle im Hinblick auf zukünftige Situationen	• Bildtransformation	• Veränderung dysfunktionaler Emotionen	• Kognitive Techniken (Perspektivwechsel, Reframing)

werden die emotionsaktivierenden Anteile der Imagination gezielter für die therapeutische Arbeit genutzt und stellen somit einen Mehrwert gegenüber alternativen Herangehensweisen dar. Zudem bietet die Arbeit mit Imaginationen (in Abhängigkeit der jeweils vorliegenden Bedingungen hinsichtlich Indikation/Kontraindikation, Therapiephase) die Chance, auch unabhängig vom therapeutischen Setting und Behandler sowie auch relativ unabhängig von den äußeren Gegebenheiten Einfluss auf die eigene Befindlichkeit zu nehmen und somit auch eine die psychische Gesundheit fördernde oder stabilisierende Erfahrung im Sinne der Befriedigung des Autonomiebedürfnisses zu machen.

4.3.1 Imaginative Techniken zur Entwicklung und Förderung emotionaler Kompetenz

Imaginative Techniken zur Entwicklung und Förderung emotionaler Kompetenz

Emotionale Kompetenz umfasst die Fähigkeit, eigene Gefühle sowie die Gefühle anderer zu erkennen, auszudrücken und angemessen auf diese zu reagieren bzw. damit umzugehen (Rindermann, 2021). Da Emotionen auf kognitiver Ebene in Bildern repräsentiert sind, können Emotionen folglich auch gut über Bilder adressiert werden (Holmes, Lang & Deeprose, 2009; Holmes & Mathews, 2005; Padesky & Holmes, 2010). Transdiagnostisch stehen emotionale Kompetenzen in engem Zusammenhang mit psychischer Gesundheit (Berking & Wupperman, 2012). Eine wesentliche Voraussetzung für die intrapsychische Funktionsfähigkeit sowie für die soziale Interaktion mit anderen ist die Fähigkeit, konstruktiv mit belastenden Gefühlen umzugehen. Die Emotionsregulation spielt hierbei eine bedeutende Rolle (Berking & Wupperman, 2012; Berking et al., 2008). Emotionsregulation ist die Fähigkeit, aktiv auf die eigenen Emotionen einwirken zu können und nicht passiv von ihnen und den daraus resultierenden Handlungsimpulsen beherrscht zu werden (Lammers, 2011). Ein weiterer wichtiger Aspekt emotionaler Kompetenz in Bezug auf die psychische Gesundheit stellt die emotionale Verarbeitung *(emotional processing)* dar. Diese führt demnach zur raschen Aktivierung verborgener, motivationaler Strukturen, die mit persönlichen Werten, Zielen und Bedürfnissen verbunden sind und somit die Möglichkeit bieten, das eigene Handeln danach auszurichten (Greenberg, 2010; Pascual-Leone & Greenberg, 2007). Die hier exemplarisch aufgeführten und dargestellten imaginativen Techniken und Übungen können in der klinischen Arbeit zur Entwicklung emotionaler Kompetenzen beitragen. Im Vordergrund steht dabei die Fähigkeit zur Emotionsregulation, die gerade beim Vorliegen von Traumafolgestörungen und Persönlichkeitsstörungen dysfunktional erfolgt.

Emotionsregulation

Im Folgenden wird die praktische Durchführung verschiedener imaginativer Techniken aus dem Bereich Entwicklung und Förderung emotionaler Kompetenz besprochen. Die jeweilige Zielsetzung unterscheidet sich dabei.

Ziel: Reduktion affektiver Hochspannung und Förderung von Entspannung. Unter sehr hoher Anspannung ist geordnetes und planvolles Denken und Handeln nicht möglich, bevor die Anspannung auf ein moderates Niveau herunterreguliert ist. Entspannungsorientierte Techniken (z. B. Progressive Muskelentspannung, Autogenes Training, achtsamkeitsbasierte Übungen) werden in der Psychotherapie bei verschiedenen psychischen Störungen stabilisierend und zur Reduktion körperlicher und psychischer Anspannung eingesetzt. Auch imaginative Techniken können zur Spannungsreduktion und zur Förderung der Erfahrung von Sicherheit eingesetzt werden. So beschreiben Bohus und Wolf-Arehult (2021) zum Beispiel die Stresstoleranzskills, die „den Augenblick verändern" – u. a. durch Fantasiereisen, Aufsuchen eines sicheren Ortes –, sowie das bewusste „Beiseiteschieben" einer belastenden Situation, indem diese imaginativ verlassen oder verändert wird. Auch Suchtdruck (Craving) beinhaltet hohe Anspannung und kann in Form von mentalen Bildern erlebt werden (vgl. auch Tabelle 1 auf Seite 6; Kavanagh, Andrade & May, 2005; May et al., 2008). Dementsprechend können auch hier innere Bilder gezielt zur Spannungsreduktion eingesetzt werden. Imaginative Techniken zur Spannungsreduktion und Emotionsregulation kommen ebenfalls im Rahmen sogenannter Dritte-Welle-Therapieverfahren zum Einsatz wie beispielsweise in der Metakognitiven Therapie (Wells, 2011; Wells & Matthews, 1996) oder der ACT (Hayes, 2016; Hayes, Strosahl & Wilson, 2003). So kann zum Beispiel der Angst eine bildhafte Gestalt gegeben werden, mit der ein Gespräch geführt werden kann, oder belastende Gedanken können auf einer symbolisch-bildhaften Ebene zum Beispiel als vorbeiziehende Wolken, Blätter im Fluss, die vorbeiziehen, imaginiert werden, sodass Distanz zu den Belastungen entsteht.

Spannungsreduktion

Indikation. Anspannung, Stress, körperliche Beschwerden, Schmerz und Schlafstörungen stellen die zentralen Indikationsbereiche für imaginative Techniken zur Reduktion von affektiver Hochspannung und Förderung von Entspannung dar. Darüber hinaus können imaginative Techniken aus dieser Kategorie als Vorbereitung bzw. Voraussetzung zur Anwendung anderer therapeutischer, auch imaginativer Techniken, eingesetzt werden. Beispiele für diese Anwendungsbereiche sind imaginative Techniken bei der Angstbewältigung oder als Stabilisierungsübung im Rahmen der Bearbeitung von Traumafolgestörungen (Reddemann, 2022).

Praktische Durchführung imaginativer Entspannungsübungen

Durchführung. Es gibt eine Vielzahl an Varianten imaginativer Techniken und Übungen zur Reduktion affektiver Hochspannung und Förderung von Entspannung (vgl. Tabelle 3 auf Seite 21). Diese vom Therapeuten angeleiteten Übungen können nach den individuellen Bedürfnissen des Patienten gestaltet werden. Die Anleitung kann alternativ durch ein Audio oder Video erfolgen. Imaginationen wie die hier beschriebenen sind als Ruhebilder bekannt und können zu Fantasiereisen ausgebaut werden. Wesentlich ist, eine für den Patienten subjektiv angenehme Szene zu wählen bzw. wählen zu lassen, die entweder ausschließlich durch Fantasie erzeugt worden sein kann oder angenehme Orte bzw. Szenen aus dem realen Leben des Patienten darstellt. Die Bilder werden lebhafter und damit die angenehmen Empfindungen bzw. die Entspannung intensiver, wenn möglichst alle Sinneskanäle angesprochen werden. Der Patient wird zunächst gebeten, eine bequeme Sitzhaltung einzunehmen, vorzugsweise mit beiden Füßen auf den Boden und den Händen locker auf den Oberschenkeln liegend. Es empfiehlt sich, dass der Patient die Augen während der Übung schließt. Alternativ kann ein Punkt im Raum fixiert werden. Eine detaillierte Schritt-für-Schritt-Anleitung einer imaginativen Entspannungsübung findet sich im Anhang auf Seite 81.

Beispiel einer entspannungsorientierten Imagination

„Sie befinden sich an einem ruhigen, friedlichen Ort in der Natur. Die Sonne scheint auf Sie herab und der Himmel ist blau bis auf ein paar weiße Wolken. Sie legen sich auf einer saftigen grünen Wiese in das Gras und entspannen sich. Sie spüren die warme Sonne auf ihrer Haut. Um Sie herum hören Sie Bienen summen. Sie fühlen das weiche Gras unter ihrem Körper. In der Ferne hören Sie das Lachen von Kindern, die spielen. Sie genießen den Duft und Geschmack der frischen Luft und atmen tief ein. Es ist ein Ort der Ruhe und Erholung, an dem Sie sich vollständig entspannen können ...“

Besonderheiten bei imaginativen Techniken zur Reduktion affektiver Hochspannung und Förderung von Entspannung

Besonderheiten. Imaginative Techniken zur Reduktion affektiver Hochspannung und Förderung von Entspannung können gut mit körperbezogenen Techniken, wie z. B. der Progressiven Muskelentspannung und Atemtechniken, kombiniert werden. Wie bei den anderen imaginativen Techniken gelten auch hier die in Kapitel 4.2 beschriebenen Einschränkungen hinsichtlich Indikation bzw. Kontraindikation sowie die Erfahrungen mit Widerständen aufseiten des Patienten aus unterschiedlichen Gründen.

Imaginative Stabilisierungstechniken

Ziel: Sicherheit, Selbstberuhigung und Distanzierung von Belastungen und belastenden Erinnerungen. Die in Tabelle 3 auf Seite 21 in der Kategorie Sicherheit, Selbstberuhigung und Distanzierung von Belastungen und belastenden Erinnerungen genannten Techniken sind als imaginative Stabilisierungstechniken in der Therapie von Traumafolgestörungen bekannt und werden hier im Hinblick auf ihre Bedeutsamkeit in der Behandlung von Traumafolgestörungen aufgeführt. Eine umfangreiche Sammlung findet sich bei Reddemann (2022). Stabilisierungsübungen fördern Kompetenzen im Umgang mit schwierigen Emotionen und dienen, aus einer anderen Perspektive betrachtet, der Erfüllung basaler psychischer Bedürfnisse, was sich ebenfalls stabilisierend auswirkt (Sack & Gromes, 2023). Beispielsweise erfüllt *der sichere Ort* das Bedürfnis nach Sicherheit; in modifizierter Form, als *Wohlfühlort*, dient er der Erfahrung von Wohlbefinden und Genuss. Die auf verschiedene Autoren zurückgehenden Übungen sind vor allem durch die Arbeit von Luise Reddemann bekannt geworden; sie sind bei Patienten in der Regel beliebt und werden mittlerweile verfahrensübergreifend angewandt (Reddemann, 2022). Stabilisierungstechniken dienen der Verbesserung der Funktionsfähigkeit im Alltag sowie im therapeutischen Setting und haben einen besseren Umgang mit belastenden Erlebnissen zum Ziel. Sie werden vor allem in der ersten Phase der Therapie von Traumafolgestörungen eingesetzt (Möllering, 2013). In neueren Entwicklungen, die ein einphasiges Vorgehen beinhalten, werden stabilisierende Techniken mit konfrontativen Techniken kombiniert, so wie in der schonenden Traumatherapie nach Martin Sack (Sack & Gromes, 2023). Weitere bewährte Übungen, die Stabilisierung zum Ziel haben, sind körperbezogen, etwa die Progressive Muskelentspannung, Atemübungen und Achtsamkeitsübungen (Hofmann & Gómez, 2017; Mace, 2007; Stetter, 1998). Beispielhaft werden in Tabelle 4 einige Stabilisierungsübungen kurz beschrieben; die genauen Anleitungen zu diesen geführten Imaginationen sowie eine umfangreiche Sammlung findet sich bei Reddemann (2022). Hier werden lediglich die wesentlichen Merkmale der jeweiligen Übungen im Hinblick auf die jeweilige emotionsregulative und bedürfniserfüllende Funktion dargestellt.

Indikation und Kontraindikation. Komplexe Traumafolgestörungen, die Posttraumatische Belastungsstörung und selbstverletzendes Verhalten stellen die zentralen Indikationsbereiche für die Arbeit mit imaginativen Stabilisierungstechniken dar. Kontraindiziert sind imaginative Stabilisierungstechniken unter anderem bei Psychosen und schweren dissoziativen Störungen.

Durchführung. Es gibt eine Vielzahl an Varianten imaginativer Stabilisierungstechniken. In Tabelle 4 werden einige Übungen exemplarisch beschrieben. Diese Übungen unterscheiden sich hinsichtlich der genauen Zielsetzung (Sicherheit, Selbstberuhigung oder Distanzierung). Die Übungen können je nach Kontext und Zielsetzung mit weiteren Details ausgeschmückt werden.

Tabelle 4: Selektive Übersicht zur Durchführung imaginativer Übungen zur Sicherheit, Selbstberuhigung und Distanzierung nach Reddemann (2022)

Ziel	Übung	Beispielhafte Durchführung
Sicherheit und Selbstberuhigung	Ruhebilder	Ein sicherer Ort (Wohlfühlort) wird vom Patienten entsprechend seinen Bedürfnissen in multisensorischer Vorstellung ausgestaltet. Wesentliches Merkmal ist absolute Sicherheit, Kontrolle und Wohlbefinden.
	Innere Helfer	Innere Helfer können durch Imagination hinzugezogen werden, wenn der Patient Hilfe, Unterstützung oder Rat braucht. Innere Helfer können reale Personen, Tiere oder auch Fantasiewesen sein. Auch bei Einsamkeit können innere Helfer hinzugezogen werden, um das Bedürfnis nach Verbundenheit und Fürsorge zu erfüllen.

Tabelle 4: Fortsetzung

Ziel	Übung	Beispielhafte Durchführung
	Lichtstrahlübung	Die Lichtstrahlübung entspringt der Traumatherapie und verbindet imaginative Arbeit mit Körperarbeit. Patienten werden dazu angeleitet, Licht in einer von ihnen gewählten Farbe und Intensität durch den Körper hin zu schmerzenden Stellen zu leiten, was als beruhigend, wohltuend und auch schmerzlindernd erfahren werden kann. Somit können traumatisierte Patienten, die häufig ein problematisches Verhältnis zu ihrem Körper als Ort von Verletzung, Schmerz und Demütigung haben, eine angenehme, korrigierende Erfahrung machen.
Distanzierung von Belastungen	Tresorübung	Belastende Gedanken werden imaginativ in eine Form gebracht und anschließend in einem Tresor verschlossen, der wiederum in einem abschließbaren Raum steht. Hierdurch können Patienten Kontrolle, Sicherheit und Entlastung erfahren. Die Übung eignet sich somit zur Distanzierung von traumaassoziierten schweren Belastungen.
	Gepäck ablegen	In der Vorstellung einer langen Wanderschaft wird eine Pause eingelegt, in der Zeit für Ausruhen und Genuss ist, bevor das Gepäck wieder aufgenommen wird. Es geht hier um die Erfahrung von selbst herbeigeführter Entlastung, das Schwere und das Leichte in Balance zu bringen („es ist nicht nur schwer") und dadurch Genuss und Entspannung zu ermöglichen.
	Leinwandübung	Bei dieser Übung wird der Patient dazu angeleitet, sich eine belastende Situation bzw. ein belastendes Ereignis wie einen Film auf einer Leinwand vorzustellen. Der Film lässt sich durch eine imaginative Fernbedienung steuern. Die Übung dient somit der Erfahrung von Kontrolle und Sicherheit. Diese Technik kann auch außerhalb der Therapie von Traumafolgestörungen zur Distanzierung von belastenden Erinnerungen eingesetzt werden.

Besonderheiten bei imaginativen Techniken zur Herstellung von Sicherheit, Selbstberuhigung und Distanzierung von Belastungen

Besonderheiten. Bei der Durchführung von Imaginationsübungen zur Herstellung von Sicherheit, Selbstberuhigung und Distanzierung von Belastungen kann es bei Patienten mit Posttraumatischer Belastungsstörung (PTBS) aufgrund des Settings (Ruhe, Konzentration auf das innere Erleben) zu unerwünschten Wirkungen kommen (Sack & Gromes, 2023). So ist es möglich, dass Patienten Bilder hervorrufen, die eine assoziative Nähe zu den Traumaerinnerungen aufweisen und somit destabilisierend wirken. Beispielsweise kann es passieren, dass zunächst als positiv empfundene Vorstellungen in erschreckende, bedrohliche Bilder umschlagen.

Auch bei Patienten ohne traumatische Erfahrungen in der Biografie kann die Imagination angenehmer und schöner Momente im Leben negative Emotionen hervorrufen. Dies kann insbesondere dann geschehen, wenn in der Imagination Erinnerungen an Verlust geweckt werden, wie folgende fiktive Fallvignette veranschaulicht:

Fiktives Beispiel

Ein Patient, der unter Depressionen leidet, malt eine Lebenslinie als Fluss, an dessen Ufer Blumen für positive Erinnerungen bzw. Erfahrungen stehen. Dabei erinnerte er sich an seine erste Liebe. Die durch das Bild evozierten positiven Emotionen kippten in tiefe Traurigkeit über den Verlust und Gefühle der Sinnlosigkeit.

Das Angebot stabilisierender Vorstellungen kann von Patienten außerdem als Leistungsanforderung empfunden werden, was zusätzlichen Druck erzeugen kann. Infolgedessen können einige Patienten entweder mit Vermeidung oder auch besonderem Bemühen reagieren, es richtig zu machen, was dem eigentlichen Sinn der Übung zuwiderläuft. Daher ist es bei der Arbeit mit stabilisierenden Imaginationstechniken wichtig, die Durchführung der jeweiligen Techniken an die jeweiligen Gegebenheiten und die Bedürfnisse des Patienten anzupassen.

Stabilisierung in der Traumatherapie – nötige Voraussetzung oder Zeitverschwendung?

Stabilisierende Techniken in der Traumabehandlung wurden lange als notwendig angesehen, um eine weitere Bearbeitung des Traumas zu ermöglichen. Dieses Vorgehen ist jedoch kritisiert worden, da ausschließlich stabilisierende Techniken keinen direkten Einfluss auf die PTBS-Symptomatik haben und somit wertvolle Zeit für die effektive Traumakonfrontation und/oder imaginative Überschreibungstechniken verloren gehen kann (Herzog et al., 2023; Neuner, 2008). Andererseits kann es gerade bei komplexer Traumatisierung zu Komorbiditäten und Störungen in vielen Funktionsbereichen kommen, wodurch der Einsatz stabilisierender Techniken gerade in der Anfangsphase der Therapie angezeigt sein könnte. Auf jeden Fall ist es wichtig, eine sorgfältige Abstimmung auf die individuellen Bedürfnisse und Gegebenheiten des Patienten vorzunehmen, um die bestmöglichen Therapieergebnisse zu erzielen.

4.3.2 Imaginative Techniken zur Entwicklung und zum Aufbau positiver Gefühle

Förderung positiver Emotionen

Psychotherapeutische Interventionen richten sich in der Regel auf die Verringerung psychischen Leids, während der Fokus auf die Förderung von positiven Emotionen und mentalem Wohlbefinden (wellbeing) eher eine Nebenrolle spielt (Cloninger, 2006). Dabei steht dieses in engem Zusammenhang mit psychischer Gesundheit. Zudem gibt es Hinweise, dass die gezielte Förderung positiver Emotionen eine günstige Auswirkung auf den Verlauf und Behandlungserfolg bei verschiedenen psychischen Störungen haben kann (Iasiello, van Agteren, Keyes & Cochrane, 2019; Keyes, Dhingra & Simoes, 2010). Insgesamt hat das Interesse an psychotherapeutischen Interventionen zur Förderung von positivem Erleben in den letzten Jahren stark zugenommen. Dieser Trend spiegelt sich in einigen sogenannten Dritte-Welle-Verfahren wider, wie beispielsweise der Compassion Focused Therapy (Gilbert, 2009), der ACT (Hayes et al., 2003) und der Positiven Psychotherapie nach Seligman (Seligman, Rashid & Parks, 2006).

Aufgrund der emotionsaktivierenden Eigenschaften imaginativer Interventionen eignen sich diese sehr gut zum Aufbau von positivem Erleben (Holmes, Lang & Shah, 2009). Dies erfüllt transdiagnostisch basale emotionale Bedürfnisse und wirkt sich damit auch positiv auf die psychische und körperliche Gesundheit aus (Gloria & Steinhardt, 2016; Pressman, Jenkins & Moskowitz, 2019). Durch das Erleben positiver Emotionen können außerdem das Setzen von Zielen sowie Problemlösefertigkeiten gefördert werden (Gamble, Tippett, Moreau & Addis, 2021; Isen, Daubman & Nowicki, 1987). Das Setzen von Zielen im Zusammenhang mit dem Erwerb neuer Kompetenzen ist eine Schlüsseltechnik der KVT. Judith Beck (2005) hebt hervor, dass Imaginationstechniken besonders hilfreich bei Patienten sind, denen das Festlegen von Zielen schwerfällt, wie beispielsweise bei Patienten mit Depressionen. Dabei hat es sich als günstig erwiesen, den Prozess des Erreichens eines Ziels mental zu simulieren (Knäuper, Roseman, Johnson & Krantz, 2009).

Gestaltung positiver Bilder

Durchführung. Allen Übungen zum Aufbau positiver Emotionen über die Vorstellung positiver Bilder ist gemeinsam, dass von Anfang an positive Bilder gestaltet werden. Es werden realistische, spezifische und konkrete Bilder entwickelt und dabei möglichst viele sensorische Modalitäten erfasst, sodass das

Bild möglichst lebhaft wird. Wie bereits beschrieben, ist es wichtig, den Prozess der Zielerreichung zu simulieren samt den dabei auftretenden Empfindungen auf emotionaler und körperlicher Ebene (Heise, Werthmann, Murphy, Tuschen-Caffier & Renner, 2022). Auch die Reaktion der jeweiligen Interaktionspartner sollte in der Imagination lebhaft simuliert werden. Um die Übungen auch zwischen den Sitzungen zu nutzen, kann die Imagination auch als Audio aufgezeichnet werden.

Von den zahlreichen imaginativen Techniken zur Entwicklung und zum Aufbau positiver Gefühle sei hier beispielhaft die praktische Durchführung einiger Interventionen dargestellt. Jene Übungen, die den bereits beschriebenen Stabilisierungsübungen ähneln, werden nicht weiter ausgeführt.

Imaginative Interventionen zur Förderung von Motivation und Belohnungserwartung

Förderung von Motivation und Belohnungserwartung für adaptive Aktivitäten. Insbesondere depressive Patienten ziehen sich häufig aus alltäglichen Aktivitäten und sozialen Kontakten zurück, was die Bewältigung alltäglicher Anforderungen und die Erfahrung von Freude, Zufriedenheit und Selbstwirksamkeit im beruflichen und privaten Bereich erschwert oder verhindert. Nach der Verstärkerverlusttheorie von Lewinsohn (1974) führt dies zu einem Verlust von verhaltenskontingenter positiver Verstärkung, was wiederum zur Entwicklung und Aufrechterhaltung depressiver Störungen beitragen kann. In der KVT hat sich der Ansatz der Verhaltensaktivierung zum Aufbau positiver Aktivitäten bewährt (Cuijpers, Van Straten & Warmerdam, 2007; Dimidjian, Barrera, Martell, Muñoz & Lewinsohn, 2011). Die geplante Durchführung einer vom Patienten als positiv bewerteten Aktivität kann die Rate positiver, verhaltenskontingenter Verstärkung steigern, was zu einer Besserung der depressiven Symptomatik führt.

Um die Motivation zur Ausführung der geplanten Aktivitäten sowie die damit verbundene Belohnungserwartung zu steigern, können die eingeplanten Aktivitäten in der Planungsphase imaginativ erprobt werden (Heise et al., 2022; Renner, Murphy, Ji, Manly & Holmes, 2019; Renner et al., 2021). Dabei werden zunächst die Aktivitäten nach dem Vorgehen der Verhaltensaktivierung ausgewählt und eingeplant (Hoyer & Krämer, 2021). Im ersten Schritt wird der Patient angeleitet, sich den Kontext oder die Situation, in der die Aktivität stattfinden soll, lebhaft vorzustellen. Im zweiten Schritt soll die Ausführung der Aktivität multisensorisch imaginativ simuliert werden. In der letzten Phase der Übung liegt der Fokus auf den durch die intensive Vorstellung evozierten erwünschten Emotionen, die sich motivierend auf die Arbeit des Patienten an der Verhaltensaktivierung auswirken sollte. Das praktische Vorgehen ist im folgenden Kasten beispielhaft beschrieben. Ein Wochenplan sowie eine detaillierte Anleitung zur imaginativen Aktivitätenplanung lassen sich auf Seite 82 und auf Seite 83 im Anhang finden.

Imaginative Aktivitätenplanung

Typischer Ablauf der imaginativen Aktivitätenplanung

Einführung: „Ich werde Sie jetzt gleich bitten, sich die Aktivität, die Sie soeben ausgewählt haben, vorzustellen. Gestallten Sie diese in Ihrer Vorstellung so intensiv und lebhaft wie möglich aus. Versuchen Sie sich so gut wie möglich darauf zu konzentrieren. Sollten Sie gedanklich abschweifen, was ganz normal ist, kommen Sie gelassen zu Ihrem Vorstellungsbild zurück. Bitte schließen Sie jetzt Ihre Augen und entspannen Sie sich."

Kontext/Situation: „Stellen Sie sich vor, es ist der von Ihnen gewählte Zeitpunkt und Sie sind gerade an dem Ort und in der Situation, in der Sie diese Aktivität ausführen möchten. Sie haben geplant, Ihre Aktivität durchzuführen. Stellen Sie sich die Situation vor. Versuchen Sie, alles so zu sehen und so zu hören, als ob Sie wirklich an diesem konkreten Ort anwesend wären – so anschaulich wie möglich. Tauchen Sie ganz in die Situation ein und nehmen Sie Ihre Umgebung wahr. Sie erinnern sich daran, Ihre geplante Aktivität jetzt zu beginnen. Nehmen Sie sich einen Moment Zeit, um sich darauf zu konzentrieren."

Ausführung der Aktivität: „Stellen Sie sich vor, dass Sie Ihrem Plan folgen und mit Ihrer Aktivität beginnen. Stellen Sie sich die Details vor, so als ob Sie es wirklich tun würden. Was können Sie dabei sehen, was können Sie dabei hören, was können Sie dabei fühlen, was können Sie dabei riechen? Wenn Sie möchten, können Sie gedanklich noch einmal zurückgehen und sich alles so vorstellen, wie es sich richtig für Sie anfühlt."

Aktivierung positiver Gefühle: „Stellen Sie sich jetzt vor, wie gut es sich anfühlt, einige Zeit mit der Ausführung der von Ihnen gewählten Aktivität zu verbringen. Konzentrieren Sie sich auf die positivsten Aspekte. Lassen Sie sich Zeit. Spüren Sie alle angenehmen Gefühle und Empfindungen, die Sie mit dieser Aktivität verbinden. Bemerken Sie, wie gut sich das anfühlt. Konzentrieren Sie sich jetzt auf den Teil Ihrer Vorstellung, in dem das von der Aktivität ausgelöste angenehme Gefühl am intensivsten ist. Stellen Sie sich diesen Teil richtig anschaulich vor, so lebhaft und echt wie möglich. Nehmen Sie sich noch einen Moment Zeit, um bei diesem Bild zu verweilen. Wenn es sich für Sie stimmig anfühlt, können Sie Ihre Augen langsam wieder öffnen. Kehren Sie mit Ihrer Aufmerksamkeit wieder in das Hier und Jetzt zurück."

Imaginative Interventionen zur Entwicklung von Selbstwirksamkeit und Kompetenzerleben

Entwicklung von Selbstwirksamkeit und Kompetenzerleben. Durch das Konzept der mentalen Simulation können Fertigkeiten und Problemlösestrategien im Bereich der emotionalen und zwischenmenschlichen Kompetenz imaginativ entwickelt und erprobt werden (Hackmann et al., 2011). Lazarus (2006) hat zahlreiche Techniken beschrieben, die es ermöglichen, positive Emotionen durch die Gestaltung entsprechender Vorstellungen zu erleben. Eine Mög-

Angstreduktion durch Gegenbilder

lichkeit besteht darin, dass der Therapeut dem Patienten die entsprechenden Vorstellungen vorgibt. Zum Beispiel können bei Patienten mit Flug- oder Platzangst Bilder verwendet werden, die sensorisch nicht mit Enge und Gefangensein vereinbar sind. Der Patient kann sich zum Beispiel einen weiten Strand, einen endlosen Himmel oder die Aussicht von einem Berggipfel über die Landschaft vorstellen (Lazarus, 2006). Somit können angenehme Situationen imaginiert werden, die positive Gefühle hervorrufen (Holmes, Coughtrey & Connor, 2008; Holmes & Mathews, 2005). In den von Lazarus (2006) so bezeichneten Bewältigungsfantasien übernimmt der Patient eine aktive Rolle, indem er sich vor seinem inneren Auge vorstellt, wie er seine Angst bewältigt. Dabei versetzt sich der Patient zunächst in die angstauslösende Situation und erlebt dabei die aufkommenden negativen Gefühle, um sich im Anschluss zu fragen, was genau zu tun ist, um sich die Bewältigung der Situation vorzustellen, um dies dann zunächst imaginativ und letztlich auch in vivo durchzuführen. Durch die aktive Rolle in der Bewältigung kann ein Gefühl von Selbstwirksamkeit und Kompetenzerleben entstehen und gefestigt werden (Lazarus, 2006).

Probehandeln in der Imagination

Eine ähnliche Technik, die verwendet werden kann, um selbstsicheres Verhalten zu erproben und aufzubauen, ist das sogenannte „Probehandeln in der Imagination“ (Lazarus, 2006). Hierbei wird das angestrebte Verhalten im Voraus definiert und detailliert geübt, indem die auslösende Situation in Form eines Skripts immer wieder intensiv durchgespielt wird, wobei der Schwierigkeitsgrad sukzessive gesteigert wird. Eine Variante davon ist das „übertriebene Rollenspiel in der Imagination“, bei dem der Patient sich positive Eigenschaften zuschreibt, sich mit erfolgreichen Vorbildern identifiziert oder andere Ressourcen imaginiert, um die Bewältigung der Situation zu erleichtern. Dabei können Grenzen fantasievoll überschritten werden (Lazarus, 2006). Auch diese Techniken erfordern eine intensive, langfristige Übung, bevor das Verhalten in der Realität erprobt werden kann. Mentale Bilder, die das Gefühl des Beherrschens und Meisterns vermitteln, können ebenfalls dazu beitragen, erlernte Hilflosigkeit zu überwinden (Lazarus, 2006). Zu Beginn der Behandlung kann bereits die Vorstellung einfacher Tätigkeiten in lebhaften Szenen dazu beitragen, positive Gefühle der Selbstwirksamkeit zu entwickeln. Auch Erinnerungen an vergangene Erfolge und positive Erlebnisse können, wenn sie imaginativ ausgestaltet werden, dazu beitragen, positive Gefühle zu aktivieren und einen Veränderungsprozess in Gang zu setzen, insbesondere bei Ängsten (Lazarus, 2006).

Überwindung erlernter Hilflosigkeit

Imaginative Interventionen zur Entwicklung eines gesunden Selbstwerterlebens

Entwicklung eines gesunden Selbstwerterlebens. Menschen mit psychischen Störungen haben häufig ein negatives Selbstwerterleben, das mit psychischer Belastung einhergeht, weitere Probleme nach sich ziehen und in Symptomen münden kann. Beispielhaft sollen im Folgenden zwei Techniken dargestellt werden, die mithilfe der Entwicklung positiver Selbstbilder auf eine Verbesserung des Selbstwerterlebens zielen.

Das Training mitfühlenden Denkens

Das Training mitfühlenden Denkens (Compassionate Mind Training [CMT]) nach Gilbert ist eine Technik der Compassion Focused Therapy nach Gilbert (2009). Das Training ist für Patienten konzipiert, in deren Beziehung zu sich selbst Hass, massive Selbstkritik, Selbstekel und Scham vorherrschen. Die Technik hilft Patienten dabei, stattdessen verständnisvoll, mitfühlend und freundlich mit sich selbst umzugehen. Mit den Patienten werden die biografischen Wurzeln ihres negativen Selbstbildes sowie die Unterscheidung zwischen dem kritischen, destruktiven Selbstanteil und dem erleidenden, verletzlichen Teil und der dadurch verursachte chronische innere Konflikt erarbeitet (Gilbert, 2014). Das Training beruht auf verhaltens- und erlebensorientierten Strategien, darunter auch imaginativen Techniken *(compassionate imagery)*, auf die im Folgenden eingegangen wird. In der Therapie arbeitet der Therapeut mit dem Patienten daran, eine Vorstellung von Mitgefühl zu erschaffen, die dann auf einen imaginären Begleiter übertragen wird. Wesentlich dabei ist die emotionale Erfahrung des Patienten, in seinen Gefühlen und seinem Leid uneingeschränkt verstanden zu werden. „Mitgefühl" wird hier in einem weiten Sinn verstanden (Gilbert, 2009). Das ideale mentale Bild des Begleiters, welches der in seinem Selbstwertgefühl schwer verletzte Patient internalisieren soll, beinhaltet Weisheit, Stärke, Wärme und Freundlichkeit sowie Selbstakzeptanz (Gilbert, 2009; Gilbert & Procter, 2006). Bei der Gestaltung des Bildes entscheidet der Patient, welche Eigenschaften für ihn bedeutsam und passend sind. Entscheidend ist nicht die Form des jeweiligen Bildes, sondern die Wirkung des Bildes auf den Patienten. Dieser sollte bei der Imagination warme Gefühle im Körper erleben, wie sie entstehen, wenn man Empathie empfindet (Gilbert, 2009). Dieses Bild des mitfühlenden Wesens, in späteren Phasen das Bild des mitfühlenden Selbst, wird im Alltag des Patienten in kritischen Situationen immer wieder imaginiert. Zudem tritt der Patient auf allen Ebenen, so zum Beispiel direkt über innere Dialoge, Aufzeichnungen und Handlungen mit ihm in Verbindung. In späteren Therapiephasen wird idealerweise aus der Beobachterperspektive in die erlebende Perspektive gewechselt (Patient internalisiert das mitfühlende Wesen). Überprüft wird die Wirksamkeit der Intervention vom Patienten selbst, und zwar in den Situationen, die früher die extrem negativen, selbstdestruktiven Emotionen hervorgerufen haben. Da es zur Auslösung starker, auch unerwarteter emotionaler Reaktionen kommen kann, empfiehlt sich eine sorgfältige und überlegte therapeutische Vorgehensweise.

Competitive Memory Training (COMET)

Das Competitive Memory Training (COMET) nach Korrelboom (2000) ist eine kurze Intervention in Form eines Trainings. Das Grundprinzip dieser Intervention besteht darin, dass der Patient das, was er bereits weiß, emotional erleben soll. Da Imagination emotionsfördernd wirkt, wird entsprechend viel mit mentalen Bildern gearbeitet. Beispielsweise kann einem Patienten durchaus bewusst sein, dass er beliebt ist, Freunde hat etc., aber er kann dies in entsprechenden sozialen Situationen nicht spüren und sich infolgedessen nicht als liebenswert empfinden. Das Training umfasst maximal zehn Sitzungen und kann entweder im Einzel- oder Gruppenformat umgesetzt werden (Korrelboom, Marissen & van Assendelft, 2011; Korrelboom, van der Weele, Gjaltema & Hoogstraten, 2009). Nachdem ein negatives Thema bzw. eine negative Grundannahme ermittelt wurde, sucht der Patient das positive Pendant auf kognitiver Ebene. Es werden sodann Beispiele aus der Vergangenheit für das Zutreffen der positiven Überzeugung gesucht und imaginiert und dann durch neue Beispiele ergänzt. Verstärkt wird die neue Überzeugung durch entsprechende positive Bilder in Verbindung mit positiven Selbstverbalisationen, passender Musik und entsprechender positiver Körperhaltung und Mimik. Nachdem die neue Überzeugung etabliert wurde, wird deren Funktionalität überprüft, indem sich der Patient problematische Situationen vorstellt und darauf mit neuem Verhalten und neuen Bewertungen reagiert. Der Patient soll die neue, positive Überzeugung mit Bild, Selbstverbalisation, Musik und positiver Haltung und Mimik über den Tag verteilt wiederholt einüben (Korrelboom, 2000). In der Folge übt der Patient auf dieselbe Art und Weise in zunehmend schwierigeren imaginierten Situationen, sodass die neuen Überzeugungen enger mit den schwierigen Situationen assoziiert werden. Nach der Theorie des Abrufwettbewerbs (Retrieval-Competition-Modell; Brewin, 2006) sollen auf diese Weise in Zukunft die neuen Überzeugungen im Abrufwettbewerb mit den alten Überzeugungen die Oberhand gewinnen können.

Indikation und Kontraindikation. Imaginative Techniken zur Entwicklung und zum Aufbau positiver Gefühle können transdiagnostisch eingesetzt werden, da sie die Zielsetzung im Hinblick auf neue Kompetenzen, die Entwicklung neuer Fähigkeiten und Problemlösestrategien fördern. Besonders Patienten mit niedrigem Selbstwirksamkeitserleben und negativem Selbstwerterleben profitieren von diesen Techniken. Störungsspezifisch betrachtet sind das insbesondere Patienten mit den Diagnosen Depression, Soziale Phobie, selbstunsichere Persönlichkeitsstörung und PTBS. Kontraindikationen bestehen bei Psychotischen Störungen und Dissoziativen Störungen.

Besonderheiten bei imaginativen Techniken zur Entwicklung und zum Aufbau positiver Gefühle

Besonderheiten. Zur Entwicklung von Selbstakzeptanz und Selbstvertrauen, also einer liebevoll-freundlichen Beziehung zu sich selbst mit fundiertem Vertrauen in die eigenen Kompetenzen, Probleme zu lösen, bedarf es langfristiger, geduldiger und beharrlicher Arbeit mit viel Übung. Selbstwertprobleme beruhen meist auf tiefverwurzelten, früherworbenen Schemata, die in kritischen Situationen wieder die Oberhand über die neuen Sichtweisen und Überzeugungen erlangen können.

4.3.3 Imaginative Techniken zur Reduktion und Transformation negativer Gefühle

Die im Folgenden beschriebenen imaginativen Techniken zur Reduktion und Transformation negativer Gefühle richten sich entweder auf konditionierte negative Gefühle (Exposition in sensu), negative Gefühle mit biografischem Bezug (Imaginatives Nacherleben, Imaginatives Überschreiben) oder auf die Veränderung negativer Gefühle im Hinblick auf zukünftige Situationen.

Exposition in sensu

Exposition in sensu im Sinne der klassischen Verhaltenstherapie. Die Exposition zählt zu den wichtigsten und wirksamsten Methoden der Verhaltenstherapie (Abramowitz, 2013). Meist geht es bei der Exposition um die Konfrontation mit angstbesetzten Reizen. Diese können external sein (objekt- oder situationsbezogen) oder auch internal, also bezogen auf Gedanken oder Körperempfindungen. Die Expositionsbehandlung zielt darauf ab, Patienten dabei zu unterstützen, unter therapeutischer Anleitung auf Reize zuzugehen und sich ihnen auszusetzen, die unangemessen starke negative Emotionen wie Angst, Ekel oder Unbehagen auslösen (Teismann & Margraf, 2018). Dadurch sollen die Patienten die Erfahrung machen, dass sie die damit verbundenen Symptome aushalten können, ihre Befürchtungen sich nicht bewahrheiten und die Symptome abklingen, ohne dass sie Schutzmaßnahmen ergreifen müssen (Teismann & Margraf, 2018).

Die Exposition kann sowohl in vivo, d.h. real, am lebenden Objekt, oder in sensu, d.h. auf der Vorstellungsebene, also imaginativ, durchgeführt werden. Grundsätzlich können zwei Anwendungsgebiete für die Exposition in sensu bei den oben dargestellten Symptomatiken unterschieden werden: (1) imaginative Exposition als Vorbereitung auf eine Exposition in vivo, (2) imaginative Exposition als Ersatz für eine Exposition in vivo. Die zweite Variante eignet sich vor allem dann, wenn die realen Bedingungen nicht herstellbar sind oder mit einem hohen praktischen Aufwand verbunden wären (Teismann & Margraf, 2018).

Indikation und Kontraindikation. Die Hauptindikationsbereiche der Expositionsverfahren sind Angststörungen, PTBS, Zwangsstörungen und Essstörungen. Teismann und Margraf (2018) beschreiben außerdem drei spezifische Anwendungsbereiche für die Technik der Exposition in sensu. Erstens wird sie bei Zwangsstörungen bzw. Zwangsgedanken eingesetzt, um intrusiven Gedanken, Vorstellungsbildern und Impulsen entgegenzuwirken. Zweitens kann sie bei Generalisierter Angststörung (GAS) eingesetzt werden, um exzessive Sorgen zu bearbeiten (Sorgenkonfrontation). Drittens wird sie bei der PTBS angewandt, indem die konfrontative Behandlung im Imaginativen Nacherleben durchgeführt wird (Ehlers & Clark, 2000). Zusammen mit den bereits erwähnten Einsatzbereichen sind dies die wesentlichen Indikationsbereiche für die Anwendung der Exposition in sensu. Eine Kontraindikation für diese Technik kann die Einnahme von Medikamenten sein, die emotionale Reaktionen hemmen oder dämpfen. Wie auch bei der Exposition in vivo empfiehlt sich bei der Exposition in sensu eine gründliche somatische Abklärung, um organische Ursachen der Symptome auszuschließen (Drechsel, 2002).

Durchführung. Exposition in sensu unterscheidet sich je nach Intensität der Darbietung und kann entweder graduell erfolgen oder massiert (implosion). So wird bei der graduellen Exposition mit einer Situation der mittleren Hierarchiestufen begonnen, um dann Stufe für Stufe die Konfrontation bis zu dem Reiz, der die stärkste Angst auslöst, weiterzuführen. Bei der massierten Konfrontation wird gleich auf einer sehr hohen Stufe der Hierarchie mit der Konfrontation begonnen und die angstauslösende Situation wird in der Vorstellung mehrere Male durchlebt (Stanton & Tolin, 2023; Voderholzer, Hauer & Reisenzein-Hirsch, 2014).

Exposition in sensu bei der Generalisierten Angststörung

Exposition in sensu wird am häufigsten bei der Generalisierten Angststörung in Rahmen einer sogenannten Sorgenkonfrontation eingesetzt. Die praktische Durchführung dieses Vorgehens soll im Folgenden exemplarisch beschrieben werden. Das strukturierte Vorgehen der Sorgenkonfrontation kann in mehrere Schritte unterteilt werden (Craske & Barlow, 2006). Zunächst sollte eine Situation ausgewählt werden, in der der Patient mit Sorgen konfrontiert werden soll. Hierbei hat es sich als hilfreich erwiesen, die Sorgen zunächst in Form eines Sorgentagebuchs zu erfassen. Für die Sorgenkonfrontation sollten dann solche Sorgen ausgesucht werden, die nicht durch Problemlösestrategien adressiert werden können. Im nächsten Schritt werden dann die befürchteten Erwartungen des Patienten erarbeitet. Der Therapeut kann das Vorgehen unterstützen, indem er immer wieder mit einer Was-wäre-wenn-Frage auf die Antworten des Patienten reagiert bis dieser keine weiteren befürchteten Erwartungen liefern kann (van der Heiden & ten Broeke, 2009). Im nächsten Schritt beginnt die eigentliche imaginative Konfrontation mit den Sorgen. Der Patient wird gebeten, die Augen zu schließen und ein mentales Bild von der am meisten gefürchteten Erwartung in der ausgewählten Situation zu erzeugen. Der Patient soll das Bild über eine längere Zeit vor dem inneren Auge halten, ohne dabei Ablenkung zu suchen oder abzuschweifen. Das Ziel der Übung ist, die aufkommenden unangenehmen Gefühle erlebbar zu machen und so zu einer emotionalen Verarbeitung zu kommen, sodass das Sich-Sorgen nicht mehr als unkontrollierbar erlebt wird.

Besonderheiten bei der Exposition in sensu

Besonderheiten. Grundsätzlich gilt, dass Konfrontationsverfahren eine hohe Veränderungsmotivation erfordern, da es darum geht, sich angstbesetzten Reizen oder Situationen auszusetzen, was häufig über mehrere Jahre oder Jahrzehnte aus Angst vermieden wurde. Dies gilt auch für die Sorgenkonfrontation, da die Patienten in der Regel über einen langen Zeitraum Strategien entwickelt haben, die Sorgen zu vermeiden. Es ist daher von zentraler Bedeutung, genügend Zeit für die Erarbeitung der Rationale und für den Aufbau von Veränderungsmotivation zu berücksichtigen (van der Heiden & ten Broeke, 2009).

Eine weitere Schwierigkeit kann darin bestehen, dass der Patient es schwierig findet, ein sorgenbesetztes mentales Bild hervorzurufen, oder darin, dass die mentalen Bilder keine Angst oder Furcht hervorrufen. Wichtig ist hier, den Ursachen für diese Schwierigkeiten auf den Grund zu gehen. Es ist möglich, dass die Schwierigkeit beim Generieren eines mentalen Bildes der gefürchteten Situation eine Vermeidungsstrategie an sich darstellt. In diesem Fall sollten die Rationale der Technik erneut besprochen werden. Wenn die entsprechenden Bilder keine Angst oder Furcht hervorrufen, ist es wichtig zu klären, inwieweit der Patient möglicherweise verdecktes Vermeidungsverhalten anwendet, wie beispielsweise gedankliche Ablenkung oder Angstbewältigungsstrategien (van der Heiden & ten Broeke, 2009).

Imaginatives Nacherleben

Imaginatives Nacherleben. Imaginatives Nacherleben ist eine Methode zur Behandlung posttraumatischer Belastungsstörungen. Die bekanntesten Ansätze, das Imaginative Nacherleben innerhalb der traumafokussierten kognitiven Therapie nach Ehlers und Clark (2000) und die prolongierte Exposition (prolonged exposure) nach Foa (Foa & Kozak, 1986), unterscheiden sich in einigen Aspekten, was im Folgenden deutlich wird.

Traumafokussierte kognitive Therapie

Theoretischer Hintergrund beim kognitiven Modell der PTBS nach Ehlers und Clark bildet unter anderem die Annahme, dass sich gewöhnliche Erinnerungen vom Traumagedächtnis unterscheiden. Traumatisches Erleben ist fragmentiert gespeichert und nicht integriert in den Kontext autobiografischer Erinnerungen, Raum und Zeit (Brewin, 1996, 2001; Ehlers & Clark, 2000). Zusätzlich ist traumatisches Erleben auf kognitiver Ebene ungenügend in seiner Bedeutung elaboriert. Beides erklärt das ungewollte Wiedererinnern in Hier-und-Jetzt-Qualität ausgelöst durch traumarelevante Stimuli und den erschwerten willentlichen Abruf der Erinnerungen (Brewin, 2001).

Prolongierte Exposition

Prolongierte Exposition ist eine therapeutische Methode, die sich aus der Emotionsverarbeitungstheorie nach Foa begründet (Foa & Kozak, 1986). Die zentrale Annahme der Theorie besagt, dass Angststörungen, einschließlich PTBS, auf das Vorhandensein von pathologischen Angststrukturen im Gedächtnis zurückzuführen sind. Diese beinhalten Informationen bezüglich der angstauslösenden Stimuli, der darauffolgenden Reaktionen auf emotionaler, physiologischer und Verhaltensebene und der Interpretationen hinsichtlich der Bedeutung des Stimulus. Jeder einzelne Stimulus des beschriebenen Netzwerks kann die gesamte Furchtstruktur auslösen. Demzufolge muss, um Veränderungen zu erzielen, das komplette Netzwerk aktiviert werden, während neue, mit der Furchtstruktur inkompatible Informationen vermittelt werden (Foa, Hembree & Olasov, 2014). Dadurch kommt es – parallel zu einer angenommenen Habituation – zu einer Veränderung der Furchtstruktur, was Neubewertungen des Traumas ermöglicht. Dysfunktionale Bewertungen und Schemata des Patienten werden im Anschluss nicht direkt kognitiv bearbeitet, da davon ausgegangen wird, dass es über die Symptomreduktion zu Veränderungen in der Sichtweise seines Selbst und der Welt kommt (Foa et al., 2014). Wesentlich für diesen Veränderungsprozess ist eine starke emotionale und physiologische Aktivierung durch wiederholte und langanhaltende Exposition.

Durchführung. Gemeinsames Ziel des Nacherlebens ist die adäquate emotionale Verarbeitung der traumatischen Erfahrung und die Habituation an die Erinnerungen. Durch kognitive Vermeidung ist dies dem Patienten nicht möglich gewesen, sodass das Traumagedächtnis erhalten bleibt und damit auch die Symptome der PTBS. Auch die Veränderung problematischer, dysfunktionaler Bewertungen in Bezug auf das Trauma, aus denen zusätzliche emotionale Belastungen wie Schuld oder Scham entstehen, kann dadurch nicht erfolgen.

Die Ansätze von Foa und Ehlers unterscheiden sich in der Art der Durchführung, der Anzahl der Sitzungen und dem Stellenwert der kognitiven Arbeit. Diese erfolgt bei Ehlers bereits in einer frühen Therapiephase und tritt im Verlauf der Behandlung immer mehr in den Vordergrund. Ziel ist die Modifikation der Interpretationen des traumatischen Erlebens und seiner weiteren Konsequenzen. Im mittleren Teil der Behandlung werden die neu erarbeiteten Sichtweisen in das Nacherleben integriert. Sowohl in Ergänzung zu verbaler kognitiver Umstrukturierung als auch bei der Integration der neuen Interpretation wird bei Ehlers imaginativ gearbeitet.

Nach Vermittlung des traumaspezifischen Konfrontationsrationals und der Behandlungsziele werden alle wesentlichen Erinnerungen hierarchisiert, skaliert und es wird mit einem Ereignis moderater Belastung begonnen (Nacasch, Rachamim & Foa, 2015). Der Patient erlebt das traumatische Ereignis in der ersten Sitzung in 60 Minuten nach, in den Folgesitzungen beschränkt sich das Nacherleben auf *hot spots* (die schlimmsten Momente der traumatischen Erinnerung), die sich in den Intrusionen und Alpträumen widerspiegeln. So können mehrere Durchgänge in einer Sitzung erfolgen. Beim Nacherleben stellt sich der Patient das Geschehen multisensorisch und lebhaft vor, einschließlich der dabei aufkommenden Emotionen, Gedanken und Körpersensationen, wobei die Beschreibung in Präsens und Ich-Form stattfindet. Fortlaufend wird die Ausprägung der Angst vom Patienten skaliert. Nach jeder Sitzung wird die Ausprägung der Angst auf einem Protokollbogen festgehalten, um die Habituationserfahrungen zu dokumentieren. Wenn es während einer Sitzung noch nicht zur Habituation kommt, wird der Patient ermutigt, durchzuhalten; das Erlebte wird ausdrücklich als schlimm gewürdigt. Die jeweiligen Sitzungen werden aufgezeichnet und vom Patienten täglich angehört (Nacasch et al., 2015).

Indikation und Kontraindikation. Indikationsbereiche sind Angststörungen und PTBS, insbesondere, wenn im Vordergrund der Symptomatik Intrusionen und kognitives Vermeidungsverhalten stehen. Kontraindikation ist eine real anhaltende Bedrohung, wie zum Beispiel ein anhaltender Täterkontakt.

Besonderheiten. Eine Schwierigkeit in der Durchführung der Technik kann eine starke Dissoziationsneigung sein. Bei starker Dissoziationsneigung stellt der Therapeut immer wieder den Gegenwartsbezug her und wendet Dissoziationsstopp-Techniken an. Varianten bei starker Angst vor der Exposition und oder beim Vorliegen langanhaltender Traumatisierungen sind der (zunächst) schriftliche Traumabericht und die *Skills-assistierte Exposition*, bei der Fertigkeiten aus einem vorgeschalteten Training als Bewältigungsstrategien während der Exposition eingesetzt werden (Bohus et al., 2013; Dyer, 2017).

Imaginatives Überschreiben

Imaginatives Überschreiben. Imaginatives Überschreiben ist eine therapeutische Intervention, anhand derer negative Emotionen bearbeitet werden, die mit belastenden biografischen Erlebnissen in Zusammenhang stehen, indem die aktuellen Emotionen mit Erinnerungsbildern in Verbindung gebracht werden. Diese werden dann imaginativ dahingehend verändert, dass sich die emotionale Qualität und die kognitive Bedeutung bzw. dysfunktionale Grundannahmen verändern (Arntz & Weertman, 1999; Holmes, Arntz & Smucker, 2007; Smucker, Dancu, Foa & Niederee, 1995). Es gibt jedoch auch Varianten der Technik, bei denen biografische Erlebnisse nicht im Vordergrund stehen, wie zum Beispiel das Imaginative Überschreiben von Alpträumen (vgl. Kasten). Die Veränderung hin zum Erleben positiver Emotionen erfolgt vor dem Hintergrund des Modells basaler emotionaler Bedürfnisse, die imaginativ erfüllt werden. Die Technik ist zentraler Bestandteil der Schematherapie (Young, Klosko & Weishaar, 2003), es werden in der Literatur aber auch verschiedene Varianten des Imaginativen Überschreibens als alleinstehende Intervention beschrieben (Arntz & Weertman, 1999; Smucker et al., 1995). Trotz einiger Unterschiede in der Durchführung ist das gemeinsame Ziel der verschiedenen Varianten das Aktivieren emotionaler Prozesse hin zu den erwünschten Veränderungen der negativen Emotionen und der dysfunktionalen Kognitionen. Die hier beschriebenen Varianten orientieren sich im Wesentlichen an dem Imaginativen Überschreiben kindlicher Erinnerungen nach Smucker (Imagery Rescripting and Reprocessing Therapy [IRRT]), Young (Schematherapie) sowie Arntz und Weertmann (Imaginatives Überschreiben). Gemeinsamkeiten und Unterschiede zu weiteren Varianten werden in diesem Kapitel ebenfalls dargestellt. Einen ausführlichen, sehr praxisorientierten Überblick über Techniken des Imaginativen Überschreibens, neuere Entwicklungen, Indikationen und Studienergebnisse zur Wirksamkeit geben Seebauer und Jacob (2021).

Imaginatives Überschreiben von Alpträumen

Diagnostisch werden Alpträume in der ICD-10 unter den nichtorganischen Schlafstörungen aufgeführt. Innerhalb einer PTBS treten Alpträume analog zu den Intrusionen im Wachzustand als ständige Wiederholungen der tatsächlich erlebten Traumata auf. In beiden Fällen kann mit Imagery Rescripting (ImRs) und daraus entwickelten Varianten, wie dem manualisierten Ansatz von Thünker und Pietrowsky (2021), gearbeitet werden. In acht 50-minütigen Sitzungen mit aufeinander aufbauenden Therapiebausteinen inklusive Übungen zur Imaginationsfähigkeit stellt die Modifikation der Alpträume mit der anschließenden Imagination des „neuen" Traums den Schwerpunkt dar (Thünker & Pietrowsky, 2021). Angelehnt an die Imagery Rescripting and Reprocessing Therapy (IRRT) geht es im Kern darum, ein neues Alptraumscript zu entwickeln, das besonders bedrohliche Teile des ursprünglichen Alptraums verändert, aber ansonsten nicht wesentlich von diesem abweicht, um eine Verknüpfung der beiden Träume zu gewährleisten. Der neue Traum sollte keine aversiven Emotionen mehr hervorrufen. Neu gegenüber den älteren Techniken ist, dass die Wiederholung des modifizierten Alptraums unter Imagination stattfindet und die Patienten während der Veränderung angeleitet werden (Thünker & Pietrowsky, 2021).

Imaginatives Überschreiben zählt zu den emotionsfokussierten, erlebensorientierten Techniken und zielt direkt auf das emotionale Erleben, das durch Erinnerungsbilder ausgelöst wird. Die Veränderung des Erlebens erfolgt dabei durch die emotionale Erfahrung in der Imagination, anders als bei kognitiven Techniken, die direkt die Kognitionen bearbeiten. Eine detaillierte Anleitung zum Imaginativem Überschreiben findet sich im Anhang auf Seite 84.

Durchführung. In der Anamnese werden die aktuell belastenden Emotionen mit den dazu gehörenden mentalen Bildern in möglichst allen sensorischen Qualitäten und relevanten biografischen Erinnerungen erfasst (vgl. auch Kapitel 3). Die Zusammenhänge zwischen den gegenwärtigen Emotionen und Bildern sowie mit den relevanten biografischen Ereignissen können über die Technik der Affektbrücke hergestellt werden (vgl. Kasten „Zwischen aktuellen Gefühlen und Erinnerungen: Die Affektbrücke" auf Seite 11). Explizites Erfragen von Emotionen und Bildern in der Diagnostik ist insofern sehr wichtig, als Patienten diese aufgrund ihres sehr aversiven Charakters häufig vermeiden.

Im Folgenden soll die Durchführung der Interventionen nach Smucker (Imagery Rescripting and Reprocessing Therapy), Arntz und Weertmann (Imaginatives Überschreiben kindlicher Erinnerungen) und Young (Schematherapie) beschrieben und in ihren Unterschieden voneinander abgegrenzt werden.

Imagery Rescripting and Reprocessing Therapy nach Schmucker

Die Imagery Rescripting and Reprocessing Therapy (IRRT) ist eine imaginativ kognitive Intervention mit Elementen von Exposition und kognitiver Umstrukturierung, in der das Imaginative Überschreiben eine zentrale Technik darstellt (Schmucker & Köster, 2022). Ursprünglich ist diese Intervention zur Behandlung von Typ-II-Traumatisierungen (lang andauernde Traumatisierungen, Serien von sich wiederholenden Traumatisierungen, z.B. körperlicher oder sexueller Missbrauch in der Kindheit) entwickelt worden. Die Technik kann aber bei allen psychischen Störungen eingesetzt werden, bei denen belastende Erinnerungen in Form von mentalen Bildern auftreten (Schmucker & Köster, 2022). Hauptanwendungsgebiet der IRRT ist die Behandlung der PTBS mit dem Ziel, die traumabezogenen Überzeugungen und Schemata und somit die PTBS-Symptomatik zu lindern.

Die drei Phasen der IRRT

Die IRRT verläuft in drei Phasen. Eine detaillierte Beschreibung findet sich bei Schmucker und Köster (2022) sowie Smucker, Reschke und Kögel (2008). In Phase 1 soll der Patient die belastende Situation mit geschlossenen Augen und in der Gegenwartsform schildern. Der Therapeut wiederholt oder paraphrasiert die Aussagen des Patienten, wobei die aktuelle emotionale Belastung skaliert wird. Im Anschluss kehrt der Patient zur Anfangsszene zurück, um sie erneut zu schildern, jedoch nur bis zum Moment der höchsten Belastung. In Phase 2 kommt es am höchsten Punkt der Belastung zur imaginierten Entmachtung des Täters durch das „heutige Ich" mit dem Ziel der Erfahrung von Kontrolle und Stärke. Abschließend kommt es in Phase 3 zur emotionalen Versorgung des Kindes von damals durch Beruhigung, Trost und Unterstützung (Schmucker & Köster, 2022). Der Therapeut verbleibt über den ganzen Prozess hinweg in einer sokratischen Haltung und unterstützt den Patienten durch sokratisches Fragen bei der Problemlösung bzw. beim Aufbau von Bewältigungsbildern (Schmucker & Köster, 2022). In der ersten Hälfte der Behandlung werden die beschriebenen Phasen in jeder Sitzung nacheinander durchgearbeitet. Danach sollte der Patient, bei deutlich gesunkenem Angstniveau, Bewältigung und Fürsorge imaginieren können, sodass in der zweiten Hälfte der Therapie nur noch Phase 3 (liebevolle Selbstunterstützung) praktiziert wird. Während der Exposition und des Rescripting wird vom Therapeuten fortlaufend das subjektive Belastungsempfinden erfragt. Erst bei deutlich reduzierter Belastung sollte zum zweiten Teil der Therapie übergegangen werden (Smucker et al., 2008).

Wird IRRT nach Typ-I-Traumatisierungen, die nicht „man-made" sind, durchgeführt, wird anstelle der imaginierten Entmachtung des Täters die Erfahrung von Selbstwirksamkeit und Kontrolle dadurch ermöglicht, dass das „überlebende Selbst", angeleitet durch sokratisches Fragen des Therapeuten, dem traumatisierten Selbst in der traumatischen Situation hilft, diese zu bewältigen (Smucker et al., 2008).

Imaginatives Überschreiben nach Arntz und Weertman

Imaginatives Überschreiben nach Arntz und Weertman (1999) ist an dem zuvor ausgeführten Protokoll von Smucker orientiert. Die Durchführung der

Technik lässt sich ebenfalls in drei Phasen unterteilen. Zunächst wird der Patient angeleitet, die Augen zu schließen und eine Erinnerung aus der Kindheit hervorzurufen. Daran anschließend wird der Patient dazu angeleitet die Szene aus der Perspektive des Kindes zu imaginieren. Im nächsten Schritt betritt der Patient als Erwachsener die imaginierte Szene, zunächst als Beobachter und dann intervenierend dahingehend, dass der Verlauf der Geschehnisse so beeinflusst wird, wie es sich für den erwachsenen Patienten richtig anfühlt. In der dritten Phase wird die Imagination aus der Perspektive des Kindes wiederholt, einschließlich der veränderten Abläufe, wobei weitere Interventionen des Erwachsenen eingebracht werden können, sofern diese im Kind-Modus als hilfreich erachtet werden (Arntz & Weertman, 1999).

Imaginatives Überschreiben in der Tradition der Schematherapie

Imaginatives Überschreiben in der Tradition der Schematherapie. Stimmig in das Konzept der Schematherapie integriert, hat für Young und Kollegen (2003) das Imaginative Überschreiben einen zentralen Stellenwert beim erlebnisfokussierten Arbeiten an der Modifikation dysfunktionaler Schemata. Dem Ansatz zufolge sollen traumatische Erfahrungen und andere schwere Belastungen, die ihren Ursprung in der Kindheit haben, imaginativ überschrieben werden. In dem einphasigen Prozess wird das traumatische Ereignis bis zum höchsten Punkt der Belastung imaginativ durchlebt. In der frühen Therapiephase soll das Überschreiben durch den Therapeuten erfolgen, der den Täter gewissermaßen imaginativ „entmachtet" und auf die Bedürfnisse des Kindes eingeht. Haben sich aufseiten des Patienten im Verlauf der Therapie ausreichend sogenannte „Gesunde Erwachsenen-Kompetenzen" entwickelt, erfolgt das Überschreiben durch diesen (Young et al., 2003). Der Therapeut verwirklicht entsprechend dem Konzept des begrenzten sogenannten „Nachbeelterns" (Reparenting) der Schematherapie durchgehend eine an den Bedürfnissen des Kindes orientierte Haltung. Die hier folgende Darstellung lehnt sich an die ausführliche Darstellung in Roediger (2009) an. Nach einer Übung zur emotionalen Stabilisierung (vgl. Kapitel 4.3.1) erfolgt die emotionale Aktivierung, indem die aktuell belastende Situation lebhaft imaginiert wird. Der Patient fokussiert dann intensiv auf die dadurch ausgelöste(n) Emotion(en), lässt die aktuelle Situation verblassen und Bilder aufsteigen, ohne dies willentlich zu forcieren. Nachdem so der Zugang zu einer Szene aus Kindheit und Jugend gefunden ist, wird diese lebhaft auf allen Sinneskanälen imaginiert, wobei der Therapeut diesen Prozess durch gezieltes Nachfragen unterstützt. Während der Patient in den inneren Film eintaucht, der in der Regel Interaktionen mit wichtigen Bezugspersonen beinhaltet, rücken die damit verbundenen Emotionen in allen Facetten und Ambivalenzen in den Focus (Roediger, 2009). Nach ausreichend starker Aktivierung des „kindlichen Erlebens" wird dann die Schemamodifikation eingeleitet, indem nach den Bedürfnissen des Kindes gefragt wird, die der Patient dann den Interaktionspartnern gegenüber laut und deutlich ausdrückt (Roediger, 2009).

Im Anschluss erfolgt das eigentliche Überschreiben, indem der Patient mit den Ressourcen des Erwachsenen (oder ggf. mit einer Helferfigur) die Szene betritt und zu den Bezugspersonen spricht. In einem weiteren Schritt wird die Veränderung des emotional-körperlichen Erlebens erfragt bzw. fokussiert; in der Regel sollten dies Gefühle der Erleichterung und Stärke sein. Der Patient fokussiert auf diese Gefühle, lässt die Kindheitsszene verblassen und betritt im Kontakt mit den positiven Gefühlen wieder die aktuelle Ausgangsszene, um nun seine Bedürfnisse mit modifiziertem Selbsterleben zum Ausdruck zu bringen. Eine Vergegenwärtigung dessen, wie sich der Patient mit der neuen Lösung fühlt im Vergleich mit der Ausgangssituation zu Beginn der Sitzung, stärkt das Vertrauen in die eigenen Fähigkeiten und das Selbstwirksamkeitserleben (Roediger, 2009). Eine sehr ausführliche Darstellung aller Implikationen des Überschreibens nach Young et al. (2003) mit praktischen und hilfreichen Hinweisen findet sich bei Jacob und Arntz (2022) sowie Roediger (2009).

Indikation und Kontraindikation. Imaginatives Überschreiben kann immer dann transdiagnostisch eingesetzt werden, wenn die aktuell belastenden Emotionen einen biografischen Bezug aufweisen. Durch den Fokus auf emotional belastende Erinnerungen kommt Imaginatives Überschreiben vor allem bei Patienten mit traumatischen Erlebnissen in der Vergangenheit und bei Patienten mit Persönlichkeitsstörungen zum Einsatz. Die Methode kann bei Patienten angewendet werden, die starken Leidensdruck aufgrund intensiver negativer Emotionen erfahren, welche häufig von negativen mentalen Bildern begleitet werden (vgl. auch Tabelle 1 auf Seite 6). Sehr gut eignet sich das Vorgehen für Patienten, bei denen ein Zusammenhang der negativen belastenden Emotionen mit Schlüsselerlebnissen plausibel ist.

Kontraindikationen für Imaginatives Überschreiben bei traumatischen Erinnerungen sind fortgesetzte Traumatisierung oder Bedrohung bzw. Täterkontakt, akute Psychosen, akute Intoxikation durch Substanzkonsum, akute Selbstgefährdung, sowie ein deutlicher Zusammenhang der dysfunktionalen Emotionen zur aktuellen Lebenssituation bzw. das Fehlen eines plausiblen biografischen Bezugs (Schmucker & Köster, 2022; Seebauer & Jacob, 2021).

Besonderheiten beim Imaginativen Überschreiben

Besonderheiten. Wenn äußere Sicherheit fehlt, kann es schwierig sein, die erforderliche emotionale Stabilität aufrechtzuerhalten, die für einen erfolgreichen Einsatz des Imagery Rescripting notwendig ist. Das ist beispielsweise dann ein Problem, wenn eine Person in einer missbräuchlichen Beziehung gefangen ist oder durch überwältigende tägliche Stressoren belastet wird. In diesen Fällen ist Imaginatives Überschreiben kontraindiziert. Außerdem ist zu beachten, dass die Technik weniger effektiv sein kann, wenn Patienten nur vage oder gar keine visuellen Erinnerungen an traumatische Ereignisse haben. In diesen Fällen ist es möglich, zunächst auf andere Sinneskanäle, wie beispielsweise Töne oder Gerüche zu fokussieren. Die kognitive Vermeidung traumatischer Erinnerungen kann ebenfalls eine Herausforderung darstellen und den Erfolg der Technik beeinträchtigen. In diesen Fällen ist es denkbar, zunächst die innere Stabilität des Patienten durch spezielle Übungen zu stärken (vgl. Kapitel 4.3.1) sowie die Gründe der kognitiven Vermeidung über Verhaltensanalysen zu ergründen und das Vermeidungsverhalten abzubauen.

Bildtransformationstechniken: Veränderung negativer Gefühle im Hinblick auf zukünftige Situationen

Veränderung negativer Gefühle im Hinblick auf zukünftige Situationen. Wie beim Imagery Rescripting können auch bei der Bildtransformation negative Aspekte der inneren Bilder so verändert werden, dass sich die negative Emotion in eine positive wandelt. Dabei geht es, anders als beim Imaginativen Überschreiben traumatischer Erfahrungen, um gegenwärtige oder zukünftige Situationen, die sich in den Bildern manifestieren (Sachse, 2014). Theoretischer Hintergrund ist die Idee, einen positiven Gegenaffekt zu entwickeln, wenn sich der ursprüngliche negative Affekt nicht klären lässt, und diesen auf diese Weise zu blockieren (Sachse, 2014).

Durchführung. Bei der Bildtransformation wird der Patient zunächst angeleitet, sich auf seine negative Stimmung zu konzentrieren und ein mentales Bild aus diesem Gefühl heraus entstehen zu lassen, ohne dabei gezielt Einfluss auf das Bild zu nehmen oder es zu analysieren (Sachse, 2014). Zusammen mit dem Therapeuten werden dann gezielte Veränderungen an einzelnen Aspekten des Bildes vorgenommen, während der Patient das veränderte Bild immer wieder auf sich wirken lässt und überprüft, wie sich sein Befinden dabei entwickelt. Dieser Prozess wird wiederholt, bis sich der negative Affekt aufgelöst hat oder in eine positive Stimmung transformiert wurde (Sachse, 2014).

Fallbeispiel: Bildtransformation bei ängstlicher Anspannung

Eine Patientin leidet unter Stress und chronischer Anspannung am Arbeitsplatz, was sich zu massiver Angst steigern kann, insbesondere, wenn ihr Vorgesetzter das Büro betritt. Die Patientin fühlt sich der Situation ausgeliefert und sucht nach einer Möglichkeit, ihre Angst zu überwinden. In der Bildtransformation stellt sich die Patientin zunächst vor, wie ihr Vorgesetzter das Büro betritt und bleibt dabei mit ihren Empfindungen in Kontakt. Sie wird dann gebeten, das Bild zu transformieren, indem Sie sich vorstellt, wie ihr Vorgesetzter anders aussehen könnte. Um sich besser zu fühlen, verändert die Patientin das Bild und stellt sich ihren Vorgesetzten als eine lustige, unbeholfene Puppe vor, die herumhüpft und das Büro durcheinanderbringt. Durch die humorvolle Veränderung des Bildes fühlt sich die Patientin erleichtert und kann das Bild während ihres Arbeitstages aufrufen, um ihre Angst abzubauen und sich besser zu fühlen.

Bildtransformation kann auch innerhalb einer Exposition in sensu eingesetzt werden, um die bedrohlichen Merkmale des Angststimulus zu verändern. So könnte beispielsweise innerhalb der Behandlung einer Sozialen Phobie der

Patient angeleitet werden, eine Situation zu visualisieren, in der er sich in einer sozialen Interaktion unwohl fühlt, zum Beispiel bei einer Besprechung oder einer Verabredung. Mithilfe der Bildtransformation könnte der Therapeut dann gezielt Veränderungen an der Szene vornehmen, um die bedrohlichen Merkmale der Situation zu reduzieren. Zum Beispiel könnte das Setting in ein entspannteres Umfeld verlegt werden oder die Körperhaltung des Patienten und seines Gegenübers könnte offener und freundlicher gestaltet werden, um dem Patienten ein Gefühl von Sicherheit zu vermitteln. Durch die schrittweise Veränderung des Bildes kann der Patient schließlich den Gegenaffekt der Entspanntheit und des Selbstbewusstseins erfahren.

Cognitive Restructuring and Imagery Modification

Eine Technik, die kognitive und imaginative Techniken in Verbindung miteinander einsetzt, ist das Cognitive Restructuring and Imagery Modification (CRIM; Steil, Benner, Müller-Engelmann & Hadouch, 2015). CRIM ist ein Beispiel für eine Bildtransformationstechnik, um dysfunktionale Selbstbilder bei einer PTBS zu modifizieren (Steil et al., 2015). Bisher wurde diese Technik eingesetzt, um das Gefühl des Beschmutztseins bei Patienten mit PTBS zu behandeln (Jung & Steil, 2013; Müller-Engelmann & Steil, 2017) und als Intervention für Ekel und Kontaminationsangst (Fink-Lamotte, Kursim & Exner, 2023). Nach der Exploration entsprechender Grundüberzeugungen werden diese disputiert und im Anschluss ein Bild entwickelt, was diese repräsentiert. Ein konträres Bild repräsentiert die realistische, gesunde und intendierte Grundüberzeugung. Der Patient imaginiert das negative Bild und transformiert in der Vorstellung sehr detailliert und gründlich das negative in ein erwünschtes Bild, was mit der neuen, positiveren Grundüberzeugung stimmig ist (Steil et al., 2015).

Fallbeispiel: Bildtransformation bei negativen Selbstbild

Die 36-jährige Patientin leidet unter einer PTBS mit den Kardinalsymptomen von Flashbacks, Alpträumen, Übererregung und Vermeidungsverhalten im Hinblick auf traumaassoziierte Situationen, Personen und Objekte, was sich allmählich über Reizgeneralisierung ausweitet.

Acht Monate zuvor war es in Zusammenhang mit einer Denunziation durch Nachbarn zu einer völlig unerwarteten Durchsuchung der Wohnung gekommen, in der die Patientin mit einer Mitbewohnerin lebt. Drei Polizistinnen hätten sie in den frühen Morgenstunden aus dem Schlaf gerissen und begonnen, auf äußerst respektlose und rabiate Weise die Schränke zu durchwühlen. Sie hätten alles auf den Boden geworfen und mit den Füssen darauf getreten und seien ihr über den Mund gefahren. Mit ihrer Mitbewohnerin habe sie nicht reden dürfen, auch nicht mit Angehörigen telefonieren. Man habe sie nicht mal ins Bad gelassen, als sie dringend darum gebeten habe. Sie sei entsetzt, geschockt, völlig verängstigt gewesen und habe sich zutiefst gedemütigt, ausgeliefert und hilflos gefühlt. Auf ihre Bitten und Fragen nach einer Erklärung habe sie nur eine Abfuhr erhalten.

Aus der Anamnese sind Mobbingerfahrungen aus der Kindheit der emotional vernachlässigten Patientin bekannt. In der traumatherapeutischen Behandlung wurde auch mit CRIM gearbeitet, um die negativen Selbstbildanteile, die auf die demütigenden Erfahrungen zurückgehen, zu bearbeiten. Die Patientin fühlt sich entwürdigt, „nicht wie ein Mensch", entwertet, ausgeliefert, als Opfer. Diese Selbstaussagen werden imaginativ in dem Bild eines kleinen, hässlichen, geduckten und geschundenen „Hutzelweibchens" manifest. Das entgegengesetzte positive Bild stellt eine aufrecht und würdevoll stehende, gepflegte und energisch-aktiv wirkende Frau dar; der Transformationsprozess wurde in verschiedenen Sinnesmodalitäten detailliert und gründlich vollzogen.

Indikation und Kontraindikation. Bildtransformationstechniken können immer dann eingesetzt werden, wenn sich gegenwärtige oder zukünftige Situationen in belastenden Bildern manifestieren.

Besonderheiten bei Bildtransformationstechniken

Besonderheiten. Auch in der Arbeit mit Bildtransformationstechniken besteht die Möglichkeit, dass der Patient die Rationale der Technik infrage stellt, indem er beispielsweise äußert: „Das macht doch keinen Sinn, sich das vorzustellen" oder „Das ist doch unrealistisch". In solchen Fällen kann es hilfreich sein, mehr Zeit in die Psychoedukation und Ableitung der Rationale zu investieren. Hierbei sollte deutlich werden, dass, selbst wenn dem Patienten die Situationen oder sein Verhalten in den Situationen unrealistisch erscheinen, die Imagination in dem Augenblick ein neues Gefühl vermitteln kann.

4.3.4 Imaginative Techniken in störungsspezifischen kognitiv-verhaltenstherapeutischen Behandlungsmanualen

Bildliche Vorstellung als Teil von Störungsmodellen und imaginative Techniken als Komponente von Therapieverfahren spielen in verschiedenen Weiterentwicklungen der KVT eine zentrale Rolle. So wurden in den vergangenen Jahren verschiedene störungsspezifische kognitiv-verhaltenstherapeutische Behandlungsmanuale entwickelt und evaluiert, in denen imaginative Techniken im Fokus stehen.

Imaginative Techniken in der Behandlung der sozialen Angststörung

Ein Bereich, in dem die bildliche Vorstellung innerhalb der Störungsmodelle fest verankert ist, ist die soziale Angststörung. Kognitive Modelle der sozialen Angststörung gehen davon aus, dass negative mentale Bilder der eigenen Person die soziale Angst aufrechterhalten (Clark & Wells, 1995). Menschen mit sozial phobischen Ängsten leiden oft unter belastenden wiederkehrenden intrusiven bildlichen Vorstellungen (Hackmann, Clark & McManus, 2000). Bei sozialen Angststörungen sind die mentalen Bilder stark negativ verzerrt und werden primär durch die für die soziale Angststörung charakteristische, erhöhte Selbstaufmerksamkeit bedingt (Clark & Wells, 1995). Diese negativ verzerrten Bilder des eigenen, nach außen wirkenden Selbst zeichnen sich durch eine stark verzerrte Sichtweise der eignen Person aus und sind mit bedrohlichen Bedeutungen versehen (Clark & Wells, 1995). Hierbei wird der Fokus stark auf die Bewertungen des Umfelds sowie die eigenen körperlichen Symptome wie Erröten, Schwitzen oder Zittern gelegt (Hackmann et al., 2000; Hirsch & Mathews, 2000; Hirsch, Clark & Mathews, 2006). Solche negativen mentalen Bilder gehen mit einer erhöhten sozialen Unsicherheit, verstärkten negativen Selbstkognitionen, verstärktem Sicherheitsverhalten sowie einer negativeren Einschätzung der eigenen Konversationsperformanz einher (Hirsch, Meynen & Clark, 2004). Mentale Bilder halten die Störungskomponenten der sozialen Angst somit aufrecht und bieten sich daher als therapeutisches Ziel an. So werden in der Literatur verschiedene kognitiv-verhaltenstherapeutische Ansätze mit Fokus auf Imaginativem Überschreiben bei sozialen Ängsten beschrieben (McEvoy et al., 2022; McEvoy et al., 2017; Wild & Clark, 2011).

Imaginative Techniken in der Behandlung der Generalisierten Angststörung

Ein weiterer Bereich, in dem bildliche Vorstellung sowohl im Störungsmodell als auch als Intervention zum Einsatz kommt ist die GAS. Laut dem Furchtstrukturmodell von Foa und Kozak (1986) werden bei rein kognitiven Sorgen nicht die emotionalen Aspekte der Angst aktiviert. Dadurch kommt es nicht zur Gewöhnung an die Ängste und die besorgniserregenden Gedanken drängen wieder ins Bewusstsein, was als unkontrollierbar erlebt wird. Die konfrontative Behandlung der Sorgen und Gedankenkette, die bei GAS auftreten, zielt darauf ab, das Gefühl der Unkontrollierbarkeit zu durchbrechen (Hinweise zur praktischen Durchführung vgl. Kapitel 4.3.3). In der Literatur wurden verschiedene kognitiv-verhaltenstherapeutische Ansätze mit Fokus auf imaginativer Sorgenkonfrontation beschrieben (vgl. Kapitel 4.3.3; Craske & Barlow, 2006; van der Heiden & ten Broeke, 2009).

4.3.5 Der Blick über den Tellerrand: Zum Einsatz imaginativer Techniken außerhalb der Verhaltenstherapie

Dieses Buch fokussiert auf die Verwendung imaginativer Interventionen in der KVT. Imaginative Techniken haben jedoch auch in anderen Therapieschulen und Verfahren einen hohen Stellenwert und blicken auf eine lange Tradition zurück. Hervorzuheben ist hier die Katathym Imaginative Psychotherapie, die Psychodynamisch-Imaginative Traumatherapie (PITT) nach Reddemann (2022) sowie das Eye Movement Desensitization and Reprocessing (EMDR).

Katathym Imaginative Psychotherapie

Katathym Imaginative Psychotherapie. Die Katathym Imaginative Psychotherapie ist eine psychodynamische Therapiemethode, die hauptsächlich auf imaginative Techniken zurückgreift. Die Methode wurde in den 1950er Jahren unter dem Begriff „Katathymes Bilderleben" beschrieben (Leuner, 1955) und ist als wissenschaftliche Methode der tiefenpsychologisch fundierten Psychotherapie vom wissenschaftlichen Beirat Psychotherapie anerkannt. Die Methode eignet sich besonders für Patienten mit psychosomatischen Störungen, Angststörungen, Depressionen und traumatischen Erfahrungen und kann sowohl als Einzeltherapie als auch im gruppentherapeutischen Setting angewendet werden (Bahrke & Nohr, 2018; Ullmann & Wilke, 2012).

Die Grundannahme der Katathym Imaginativen Psychotherapie ist, dass sich in mentalen Bildern unbewusste Motive und Konflikte widerspiegeln können. Imagination wird hier als Mittel eingesetzt, um symbolische Bedeutungen zu erschließen, die mit den psychodynamischen Aspekten der Patientenerfahrung verbunden sind (Bahrke & Nohr, 2018). Nach einer Entspannungsphase gibt der Therapeut in einem mehrstufigen Vorgehen zunächst verschiedene Motive bzw. Bilder von zunehmender Komplexität vor, sozusagen als Startpunkt der Imagination (Sonnenmoser, 2003). Der Patient ergänzt das Bild mit seiner eigenen Imagination und beschreibt seine Eindrücke während der Imagination. Symbole und deren subjektive Bedeutungen für den Patienten dienen als Verbindung zwischen psychodynamischem Konflikt und relevanten Symptomen. Es wird angenommen, dass auf diese Weise durch Imagination nicht verbalisierbare Aspekte des Erlebens für die therapeutische Interpretation zugänglich gemacht werden können, was vom Therapeuten einfühlsam begleitet wird (Bahrke & Nohr, 2018).

Die Qualität der therapeutischen Beziehung spielt bei diesem Vorgehen eine zentrale Rolle. Der Therapeut muss eine sichere und vertrauensvolle Atmosphäre schaffen, in der der Patient offen und frei imaginieren kann. Die Sitzungen sind in der Regel gut strukturiert und folgen einem festen Ablauf, der eine vorbereitende Entspannungsphase, die Imagination selbst und eine abschließende Besprechung der erlebten Bilder umfasst. Nach der Imagination können die entstandenen Bilder und Symbole im therapeutischen Gespräch weiter vertieft und kognitiv reflektierend bearbeitet werden.

Psychodynamisch-Imaginative Traumatherapie

Psychodynamisch-Imaginative Traumatherapie. Der integrative Therapieansatz hat seine Wurzeln in der psychodynamischen Therapie und wurde zur Behandlung komplex traumatisierter Patienten entwickelt (Reddemann, 2022). Ziel der Behandlung ist die Reduktion von traumatischem Stress; Erinnerungen sollen ihren quälenden Charakter verlieren und Übererregung angesichts der Erinnerungen bzw. entsprechender Trigger nicht mehr auftreten (Reddemann, 2022). Zudem sollen die traumatischen Erfahrungen und ihre vielfältigen Folgen für die Person und deren Beziehungen, zugunsten einer positiven Zukunftsorientierung abgeschlossen und in die eigene Lebensgeschichte integriert werde. Reddemann (2022) betont auch in diesem Zusammenhang die Bedeutung der stabilisierenden Arbeit zur Entwicklung einer gesunden, starken Persönlichkeit und regt daher an, dieser viel Raum zu geben (vgl. Kapitel 4.3.1). Stabilisierende Techniken in der Traumatherapie werden allerdings auch kontrovers diskutiert (vgl. Kasten „Stabilisierung in der Traumatherapie – nötige Voraussetzung oder Zeitverschwendung?" auf Seite 27). In der Psychodynamisch-Imaginativen Traumatherapie ist die Traumakonfrontation nicht das Ziel, sondern ein Baustein der Behandlung.

Drei Phasen der Psychodynamisch-Imaginativen Traumatherapie

Die Behandlung gliedert sich in drei Phasen, in denen imaginativ gearbeitet wird:

1. *Stabilisierungsphase:* Imaginative Übungen in der Stabilisierungsphase sind in den Gesamtbehandlungskontext eingebettet. Hier geht es, wie bereits im Kapitel 4.3.1 beschrieben, um Stabilisierung als Voraussetzung für die spätere Konfrontation mit den traumatischen Erinnerungen. Affektregulation und Selbstfürsorge sind wesentliche Ziele. Das Grundprinzip der Ressourcenorientierung als Wirkmechanismus erfolgreicher Therapien (Grawe & Grawe-Gerber, 1999) zieht sich als roter Faden durch die Behandlung. Auf dieser Basis geht es dann in der Arbeit mit verschiedenen „Ego-States" (Watkins & Watkins, 2003) um Verständnis und Fürsorge für das sogenannte „Innere Kind" und um Befreiung von Täterintrojekten. Die Betrachtung der Persönlichkeit in der Dynamik verschiedener Anteile soll dem Patienten ein besseres Verständnis seines Selbst im problematischen Erleben und Verhalten ermöglichen, für das es subjektiv keine Erklärung gibt und das sich zutiefst verunsichernd auswirken kann. In den therapeutischen Interventionen kann entsprechend an und mit den Anteilen gearbeitet werden, die sich in der jeweiligen Situation aktualisieren. Die Arbeit mit dem Inneren Kind kann somit zu einer akzeptierend-verständnisvollen Haltung, zum Bewusstwerden eigener Bedürfnisse und zu verbesserter Selbstfürsorge beitragen. Ergänzend wird an schädlichen Introjekten gearbeitet, die bekämpft und eliminiert werden sollen. Die imaginativen Übungen der Stabilisierungsphase haben Eingang in andere Behandlungsansätze gefunden (z. B. in die Schematherapie) und werden dort in unterschiedlichen Varianten angewandt, ebenso wie die Arbeit an und mit verletzten Anteilen. Auch dort wird letztlich die Entwicklung und Förderung des sogenannten „gesunden Erwachsenen" (Young et al., 2003) angestrebt, ein Konzept, was dem der „Ichstärke" entspricht.
2. *Traumakonfrontation:* Traumakonfrontation wird nach Vorliegen der entsprechenden Voraussetzungen durchgeführt und sehr schonend gestaltet; so wird es dem Patienten ermöglicht, durch die Bildschirm- und Beobachtertechnik Einfluss auf das Geschehen zu nehmen und somit für Traumapatienten wichtige Kontrollerfahrungen zu machen (Reddemann, 2022). Zudem wird, ebenfalls mithilfe eines schonenden Vorgehens, auf die Sicherheit des Inneren Kindes geachtet. Das heutige durch die bisherige Arbeit gestärkte Ich agiert imaginativ, anders als im Imaginativen Über-

schreiben in der Schematherapie, in der zu Beginn der Therapeut selbst für die verletzten Teile einsteht, diese schützt und tröstet, bis im Laufe der Therapie ein ausreichend starker gesunder Erwachsenenmodus diese Aufgabe übernehmen kann.

3. *Integration:* Die abschließende Phase der Integration beinhaltet Trauerarbeit, Akzeptanz, Entwicklung von Zielen und konkreten Handlungsentwürfen, Ressourcenaktivierung und Selbstfürsorge. Auch in dieser abschließenden Phase wird imaginativ gearbeitet (Reddemann, 2022).

Eye Movement Desensitization and Reprocessing (EMDR)

Eye Movement Desensitization and Reprocessing (EMDR). EMDR ist ein integrativer Ansatz und wurde ursprünglich zur Behandlung von Angst im Zusammenhang mit traumatischen Erinnerungen entwickelt (Shapiro, 1989). Mittlerweile wird EMDR über die ursprüngliche Indikation zur Behandlung der PTBS hinaus auch bei anderen Störungen eingesetzt, deren Symptomatik mit stark belastenden Lebensereignissen in Zusammenhang steht (Shapiro, 2002). Als integrativer Ansatz beinhaltet EMDR Elemente aus der Tradition der Psychoanalyse, und zwar insofern, als der Patient bei der Konfrontation mit den belastenden Erinnerungsbildern in der Regel einen assoziativen Prozess durchläuft, in dem auf allen Ebenen Material ins Bewusstsein treten kann, was assoziativ mit der Ursprungs- und Ausgangserinnerung verbunden ist. Kognitiv-verhaltenstherapeutisches Element ist die Zuordnung von negativen Kognitionen zu den belastenden mentalen Bildern. Die negativen Kognitionen werden entsprechend dem Grad ihrer Stimmigkeit für den Patienten skaliert, und sollen nach erfolgreicher Bearbeitung der traumatischen Erinnerung vom Patienten als nicht mehr zutreffend skaliert und durch eine realitätsangemessene bzw. adäquate Kognition ersetzt werden. Zentral im insgesamt achtphasigen Prozess ist das Desensibilisieren und Durcharbeiten des traumatischen Ereignisses, das durch die Imagination des Ereignisses, der zugehörigen negativen Kognition und des dabei auftretenden Körpergefühls in Erinnerung gerufen und unter gleichzeitig ablaufender bilateraler Stimulation prozessiert wird (Shapiro, 2002).

Sowohl beim Hervorrufen als auch während des Prozessierens der jeweiligen Erinnerungsbilder wird imaginativ gearbeitet. Nach Hofmann (2014) kann es zu „imaginativem Reprozessieren“ kommen, einem spontanen Prozess, der vor dem Hintergrund der Assoziationsketten auftritt und während dessen der Patient seine Erinnerung in symbolisch-metaphorischer Form bearbeitet. EMDR ist seit 2014 als eigenständige, wissenschaftlich begründete Methode vom wissenschaftlichen Beirat Psychotherapie anerkannt.

5 Empirische Evidenzen, Effektivität und Prognose

Imaginative Techniken werden häufig im Rahmen größerer Therapieverfahren untersucht

Die differenzielle Wirksamkeit einzelner imaginativer Interventionen ist auf Grundlage der aktuellen Literatur meistens nicht zu klären. So ist zu unterscheiden zwischen imaginativen Interventionen, die begleitend zu größeren Behandlungskonzepten angewendet werden können, zum Beispiel entspannungsorientierte Techniken, und imaginative Interventionen, die entweder als Teil einer größeren Therapie zum Einsatz kommen oder aber auch als „Stand-alone"-Intervention. Die Struktur in diesem Kapitel orientiert sich an den drei Hauptkategorien aus Kapitel 4:

- Entwicklung und Förderung emotionaler Kompetenz,
- Entwicklung und Aufbau positiver Gefühle,
- Reduktion und Transformation negativer Gefühle.

5.1 Studien zur Wirksamkeit imaginativer Techniken zur Entwicklung und Förderung emotionaler Kompetenz

Wirksamkeit imaginativer Techniken zur Entwicklung und Förderung emotionaler Kompetenz

Imaginative Techniken zur Entwicklung und Förderung der emotionalen Kompetenz kommen in der Regel im Rahmen größerer Therapieverfahren zum Einsatz und werden meist nicht isoliert untersucht. Es gibt jedoch auch einzelne Untersuchungen zur Wirksamkeit der spezifischen imaginativen Techniken. Im Bereich der *imaginativen Techniken zur Reduktion von affektiver Hochspannung und Förderung von Entspannung* konnte in einer Metaanalyse gezeigt werden, dass sich angeleitete Imaginationsübungen (Guided Imagery) positiv auf verschieden Zielgrößen wie etwa die psychische Belastung, Angst und Schmerz auswirken (Van Kuiken, 2004). In einer weiteren Metaanalyse konnte gezeigt werden, dass kognitive Entspannungstechniken, die neben imaginativen Ruhebildern auch Gedanken-Stopp-Techniken und Aufmerksamkeitslenkung beinhalten, in der Behandlung von Schlafstörungen im Hinblick auf die Einschlaflatenz deutlich effektiver sind als somatische Entspannungsübungen, wie zum Beispiel Autogenes Training oder Progressive Muskelentspannung (Morin, Culbert & Schwartz, 1994). Im Bereich der *imaginativen Techniken zur Herstellung von Sicherheit, Selbstberuhigung und Distanzierung* konnte gezeigt werden, dass imaginative Distanzierung von traumatischen Erinnerungen bei Veteranen mit PTBS zu einer Reduktion von physiologischer Reaktivität während der Erinnerungen führt, jedoch nicht zu einer veränderten subjektiven emotionalen Reaktivität (Wisco et al., 2015). In einer weiteren Studie mit Patienten mit PTBS konnte gezeigt werden, dass imaginative Distanzierung vom Erlebten zu einer Reduktion der emotionalen Belastung führte (McIsaac & Eich, 2004). In beiden hier dargestellten Studien wurde die Distanzierung von Belastungen über die Perspektive während der Imagination (Beobachter-Perspektive vs. Ich-Perspektive) experimentell hergestellt. Es ist wichtig zu beachten, dass es das Ziel dieser Übungen ist, Sicherheit und Distanz zu den traumatischen Erinnerungen herzustellen. Im weiteren Verlauf einer Traumatherapie geht es jedoch genau darum, sich das Erlebte möglichst lebhaft – und damit nicht distanziert – vorzustellen (Ehlers & Clark, 2000; Foa & Kozak, 1986). In diesen späteren Phasen einer Traumatherapie kann gerade eine imaginative Perspektive, die psychologische Nähe schafft (Ich-Perspektive), förderlich sein.

Insgesamt lässt sich festhalten, dass sich der Großteil der vorgestellten imaginativen Techniken zur Entwicklung und Förderung emotionaler Kompetenz auf klinische Erfahrung stützt und nur vereinzelt empirische Evidenz vorliegt. Es bedarf daher weiterer systematischer Untersuchungen hinsichtlich der spezifischen Wirksamkeit dieser Techniken, auch im Vergleich zu alternativen Techniken, die nicht auf Imagination beruhen.

5.2 Studien zur Wirksamkeit imaginativer Techniken zur Entwicklung und zum Aufbau positiver Gefühle

Wirksamkeit imaginativer Techniken zur Entwicklung und zum Aufbau positiver Gefühle

Im Vergleich zur verbalen, sprachbasierten Verarbeitung hat Imagination einen stärkeren Einfluss auf sowohl positives als auch negatives emotionales Erleben (Holmes & Mathews, 2005, 2010). Auf dieser Grundlage hat eine Reihe von klinischen Studien die Wirksamkeit imaginativer Techniken zur Entwicklung und zum Aufbau positiver Gefühle untersucht. So konnte zum Beispiel gezeigt werden, dass ein Training zur Imagination von zunächst ungewissen Alltagssituationen und der imaginativen Simulation, dass sich diese Situationen positiv entwickeln, bei Personen mit Depression zu einer Reduktion der depressiven Symptomatik (Pictet, Jermann & Ceschi, 2016) und Steigerung der Verhaltensaktivierung beiträgt (Renner, Ji, Pictet, Holmes & Blackwell, 2016). In einer weiteren Studie zeigte sich, dass ein Training positiver Vorstellungskraft, im Vergleich zu einem neutralen Imaginationstraining, sich bei Personen mit Depression positiv auf das Selbstbild auswirkt (Dainer-Best, Shumake & Beevers, 2018). Die Wirksamkeit imaginativer Techniken zum Aufbau positiver Gefühle wird des Weiteren von einer Reihe experimenteller

Studien gestützt, in denen gezeigt werden konnte, dass sich positive Imagination auf die Belohnungserwartung durch positive Aktivitäten auswirkt (Bär, Bär, Schneider & Renner, 2023; Bär, Werthmann, Paetsch & Renner, 2022; Heise et al., 2022; Renner et al., 2019). Metaanalytische Zusammenfassungen der Wirksamkeit imaginativer Techniken in diesem Zusammenhang liegen nicht vor.

Im Bereich der *imaginativen Techniken zur Entwicklung eines positiven Selbstwerterlebens* wurden imaginative Techniken im Rahmen umfassenderer Trainingsprogramme untersucht. In einer Metaanalyse konnte gezeigt werden, dass Compassion Focused Therapy (CFT) das Selbstmitgefühl steigert und sich positiv auf eine Reihe von klinisch relevanten Outcomes in den Bereichen Angststörung, Depression und Essstörung auswirkt (Millard, Wan, Smith & Wittkowski, 2023). In einer weiteren Metaanalyse wurde die imaginative Komponente der CFT, das Compassion Focused Imagery, isoliert untersucht (Maner, Morris & Flewitt, 2023). Es konnte gezeigt werden, dass die imaginative Komponente sich positiv auf eine Reihe von klinisch relevanten Outcomes wie Selbstmitgefühl, Selbstkritik und Scham auswirkte (Maner et al., 2023). Auch für das COMET-Programm liegt eine Metaanalyse vor, in der 11 randomisierte kontrollierte Studien eingeschlossen werden konnten, die den Effekt des Trainings auf das Selbstwertgefühl und komorbide Depression untersucht haben (Korrelboom, IJdema, Karreman & van der Gaag, 2022). Es konnte gezeigt werden, dass sich das COMET-Programm sowohl positiv auf das Selbstwertgefühl auswirkt (Effektstärke $g = 0.5$) als auch auf komorbide Depression (Effektstärke $g = 0.68$). Das COMET-Programm hat einen starken Fokus auf positiver Imagination, beinhaltet aber auch andere Komponenten. Zur spezifischen Wirksamkeit der imaginativen Komponenten liegen keine Studien vor.

Insgesamt lässt sich festhalten, dass im Bereich der imaginativen Techniken zur Entwicklung und zum Aufbau positiver Gefühle eine gute Studienlage in Form von experimentellen Laborstudien, randomisierten klinischen Studien und Metaanalysen vorliegt. Die Studien weisen insgesamt auf positive Effekte von imaginativen Techniken zur Entwicklung und zum Aufbau positiver Gefühle hin, allerdings lässt sich die spezifische Wirksamkeit der imaginativen Komponenten größerer Trainingsprogramme nicht immer differenziert klären.

5.3 Studien zur Wirksamkeit imaginativer Techniken zur Reduktion und Transformation negativer Gefühle

Wirksamkeit imaginativer Techniken zur Reduktion und Transformation negativer Gefühle

Im Bereich der Interventionen zur Veränderung konditionierter negativer Gefühle ist die Wirksamkeit der Expositionstherapie für verschiedene Indikationsbereiche gut belegt und unumstritten. Die Wirksamkeit der Exposition in sensu ist geringer als die Wirksamkeit der Exposition in vivo (Teismann & Margraf, 2018). Eine mögliche Erklärung für die geringere Wirksamkeit von Exposition in sensu könnte sein, dass bei der Exposition in sensu in einem stärkeren Ausmaß gedankliches Vermeidungsverhalten auftritt und dass es viele Patienten möglicherweise aufgrund eines begrenzten Vorstellungsvermögens schwierig finden, sich intensiv mit den angstauslösenden Reizen in ihrer Vorstellung auseinanderzusetzen (Drechsel, 2002).

Trotz der geringeren Wirksamkeit der Exposition in sensu im Vergleich zur Exposition in vivo gibt es einige Indikationsbereiche, bei denen aus praktischen Gründen oder aufgrund der Natur der zu exponierenden Reize (z. B. Sorgen, Erinnerungen) eine Exposition in sensu zu bevorzugen ist (vgl. auch Kapitel 4.3.3). Einer dieser Indikationsbereiche ist die Exposition von Sorgenketten im Rahmen der Behandlung einer GAS. In einer randomisierten kontrollierten Studie konnte gezeigt werden, dass sich Sorgenkonfrontation positiv auf die Angstreduktion auswirkt, jedoch nicht stärker als Angewandte Entspannung (Hoyer et al., 2009). In einer weiteren randomisierten kontrollierten Studie bei Personen mit übermäßigen Sorgen im Bereich akademischer Angelegenheiten wurden vier Versuchsbedingungen verglichen: Sorgenexposition anhand von Audioaufnahmen, expressives Schreiben, Entspannung und eine Wartelisten-Kontrollbedingung (Wolitzky-Taylor & Telch, 2010). Probanden in den Bedingungen Sorgenexposition und Entspannung zeigten die größte Reduktion im Sich-Sorgen-Machen im Vergleich zur Wartelisten-Kontrollgruppe (Wolitzky-Taylor & Telch, 2010). Der Effekt der Sorgenkonfrontation war vergleichbar mit dem Effekt der Entspannungsbedingung (Wolitzky-Taylor & Telch, 2010).

Welche Rolle spielt Imagination in der Sorgenexposition? In der Literatur sind verschiedene Möglichkeiten zum Vorgehen bei der Sorgenkonfrontation beschrieben. Eine Möglichkeit besteht darin, die Sorgen auszuformulieren, laut auszusprechen, als Audio aufzunehmen und dann immer wieder die Audioaufnahmen anzuhören. Eine weitere Möglichkeit besteht darin, sich aktiv und möglichst lebhaft die gefürchtete Situation vor dem inneren Auge vorzustellen. In einer Studie von McIntosh und Crino (2013) wurden diese beiden Varianten miteinander verglichen, um der Frage nachzugehen, welche Rolle die Imagination in der Sorgenkonfrontation spielt. Probanden mit exzessiven Sorgen, die sich die Situation imaginativ vorstellen sollten, zeigten eine stärkere Reduktion im Sich-Sorgen-Machen im Vergleich zu Probanden in der Versuchsbedingung, in der die Sorgenkonfrontation über Audioaufnahmen stattfand (McIntosh & Crino, 2013).

Im Bereich der Interventionen zur Veränderung von negativen Gefühlen mit biografischem Bezug ist die Wirksamkeit von Imaginativem Nacherleben und von Imagery Rescripting (ImRs) für verschiedene Indikationsbereiche gut belegt.

Klinische Studien zur Wirksamkeit von Imaginativem Nacherleben im Rahmen der prolongierten Exposition nach Foa (Foa & Kozak, 1986) und der kognitiven Therapie nach Ehlers (Ehlers & Clark, 2000) wurden im Bereich der PTBS durchgeführt. In einer Metaanalyse von Powers et al. (2010) wurde die Wirksamkeit der prolongierten Exposition bei Jugendlichen und Erwachsenen mit PTBS im Vergleich zu Kontrollbedingungen untersucht (Powers et al., 2010). Insgesamt konnten 13 Studien in die Metaanalyse eingeschlossen werden. Prolongierte Exposition zeigte im Vergleich zur Kontrollbedingung starke Effekte (g = 1.08) auf die Reduktion der PTBS-Symptomatik (Powers et al., 2010). Im Vergleich zu anderen traumaspezifischen Behandlungen wie EMDR oder traumafokussierter KVT zeigten sich keine Unterschiede in der Wirksamkeit (Powers et al., 2010).

Auch die Wirksamkeit der kognitiven Therapie für PTBS (Ehlers & Clark, 2000) wurde in einer Reihe von randomisierten kontrollierten Studien nachgewiesen (Ehlers, Clark, Hackmann, McManus & Fennell, 2005; Ehlers et al., 2003; Ehlers et al., 2014).

Zur Untersuchung der Wirksamkeit von ImRs in verschiedenen Indikationsbereichen wurden in einer Metaanalyse 17 Studien ausgewertet (Kip, Schoppe, Arntz & Morina, 2023). ImRs zeigte große Effektstärken insbesondere für die Störungsbereiche PTBS und soziale Angststörung (Kip et al., 2023). In einer weiteren Metaanalyse zeigten sich ebenfalls positive Effekte von ImRs für die Störungsbereiche Depression, Körperdysmorphe Störung, Bulimia nervosa und Zwangsstörungen (Morina et al., 2017). Allerdings lagen für diese Störungsbereiche deutlich weniger Primärstudien vor (Morina et al., 2017). In einer internationalen, multizentrischen, randomisierten und kontrollierten Studie wurden die Effekte von ImRs und EMDR bei Patienten mit traumatischen Erfahrungen in der Kindheit untersucht (Boterhoven de Haan et al., 2020). Sowohl ImRs als auch EMDR führte zu einer signifikanten, starken Reduktion in der PTBS-Symptomatik (ImRs: Effektstärke d = 1.73; EMDR: Effektstärke d = 1.72) (Boterhoven de Haan et al., 2020). Die Dropout-Rate in beiden Behandlungen war gering, was für eine hohe Akzeptanz der Interventionen spricht (Boterhoven de Haan et al., 2020).

5.4 Fazit: Wirksamkeit imaginativer Techniken in der Verhaltenstherapie

Unter dem Begriff „imaginative Techniken“ fallen eine Vielzahl an Interventionen, die innerhalb der Verhaltenstherapie, aber auch bei anderen Therapieverfahren und bei einer Vielzahl von Störungsbildern eingesetzt wird. Die Zielsetzung der verschiedenen imaginativen Techniken ist dabei ebenfalls divers. Die Evaluation der Wirksamkeit muss daher differenziert erfolgen unter Berücksichtigung der differenziellen Zielsetzung und damit auch der Zielkriterien der verschiedenen Techniken. In diesem Buch orientiert sich die Beschreibung der verschiedenen Interventionen und ihrer Wirksamkeit grob an der unterschiedlichen Zielsetzung der Interventionen in den drei Bereichen (1) Entwicklung und Förderung emotionaler Kompetenz, (2) Entwicklung und Aufbau positiver Gefühle und (3) Reduktion und Transformation negativer Gefühle. Zu allen drei Zielsetzungsbereichen liegen wissenschaftliche Studien vor, welche imaginative Interventionen mit Blick auf die jeweilige Zielsetzung untersucht haben. Grundsätzlich lässt sich sagen, dass die Wirksamkeit der imaginativen Interventionen in allen drei Anwendungsbereichen gut untersucht und belegt ist. Es sind jedoch einige wichtige Differenzierungen in dieser Aussage zu beachten. So gibt es im Bereich der imaginativen Techniken zur Entwicklung und Förderung emotionaler Kompetenz eine Vielzahl kurzer imaginativer Übungen (vgl. z. B. Tabelle 4 auf Seite 25), die sich eher auf klinische Erfahrung als auf empirische Evidenz stützen. Des Weiteren ist bei vielen Untersuchungen zur Wirksamkeit isolierter imaginativer Techniken die differenzielle Wirksamkeit im Vergleich zu anderen Interventionen ohne Imagination nicht Gegenstand der jeweiligen Studien. So bleibt es gerade in diesem Bereich möglicherweise oft eine Frage der individuellen Präferenz des Therapeuten und des Patienten, ob mit imaginativen Techniken oder anderen Techniken ohne Imagination gearbeitet wird. Ein weiterer wichtiger Aspekt, der bei der Frage der Wirksamkeit der verschiedenen imaginativen Interventionen berücksichtigt werden muss, ist die Frage, ob die untersuchten Interventionen Teil eines größeren Therapie-Pakets waren oder isoliert untersucht wurden. Je nach Studiendesign sind nur Aussagen über das gesamte Therapie-Paket, aber nicht über die differenzielle Wirksamkeit der einzelnen (imaginativen) Interventionen möglich.

Es liegen wissenschaftliche Studien vor, die imaginative Techniken zu unterschiedlichen Zielsetzungen untersucht haben

Unter Berücksichtigung dieser Aspekte lässt sich abschließend sagen, dass imaginative Techniken in der Verhaltenstherapie auf eine lange Tradition zurückblicken und auch in vielen Neu- und Weiterentwicklungen der Verhaltenstherapie eine zentrale Rolle spielen. Diese Entwicklung wurde und wird begleitet von einer kontinuierlichen wissenschaftlichen Überprüfung der Evidenz, die von experimentellen Laborstudien einzelner Interventionskomponenten bis hin zu groß angelegten, internationalen, multizentrischen, randomisierten und klinischen Studien und Metaanalysen reicht. Weitere klinische Studien sind notwendig, um die differenzielle Wirksamkeit imaginativer Interventionen in verschiedenen Indikationsbereichen – auch im Vergleich zu alternativen Behandlungsmethoden – zu klären.

Weitere klinische Studien sind notwendig, um die differenzielle Wirksamkeit imaginativer Interventionen zu klären

6 Fallbeispiel

Abschließend soll die Anwendung einer ausgewählten, in Kapitel 4 vorgestellten imaginativen Intervention anhand eines Fallbeispiels dargestellt werden. Wie bereits erwähnt kommen imaginative Techniken störungsübergreifend im Rahmen größerer Therapieverfahren zum Einsatz, um emotionales Erleben zu aktivieren, negative Bilder zu modifizieren und positive Bilder aufzubauen. So illustriert das Fallbeispiel eine Behandlungssequenz in einer laufenden Therapie, der bereits andere Interventionen vorausgegangen sind, welche in der imaginativen Arbeit aufgegriffen werden. Ziel ist es, über ein reines Training alternativer Verhaltensweisen hinaus durch die Imagination einen vertieften Bezug zu der Gefühlsebene herzustellen und hierdurch Gefühle von Sicherheit, Kompetenz, Selbstwirksamkeit und Selbstwert erlebbar zu machen und dadurch Ängste zu überwinden. Die von der Patientin in der bisherigen Arbeit gewonnenen neuen Sichtweisen und Erfahrungen auf kognitiver Ebene werden dabei in der imaginativen Arbeit aufgegriffen und für die Bewältigung der aktuellen Situation nutzbar gemacht. Im Folgenden wird Frau M.s Bildtransformation zur Bewältigung einer aktuell belastenden Situation ausführlich beschrieben.

Fallbeispiel: Bildtransformation zur Bewältigung einer aktuell belastenden Situation

Hintergrundinformationen

Frau M. ist eine 32-jährige Frau, die vom vierten Lebensjahr, nach dem Unfalltod beider Eltern, bis zum 19. Lebensjahr bei ihrer Tante aufgewachsen ist. Diese Tante, die Schwester ihres Vaters, entwickelte sich im Laufe der Jahre zu einer äußerst unangenehmen und manipulativen Person. Obwohl Frau M. physisch gut versorgt wurde, fehlte es ihr an emotionaler Zuwendung. Es herrschte ein autoritärer und emotional kühler Erziehungsstil, der Disziplin und Ordnung schaffen sollte.

Während der Zeit bei ihrer Tante erfuhr Frau M., dass sie dankbar sein sollte, dass sie überhaupt jemanden hatte, auf den sie sich stützen konnte. Diese Überzeugung hat in ihr Ängste ausgelöst, dass sie jederzeit weitere Menschen verlieren könnte. Um diesen Ängsten entgegenzuwirken, entwickelte Frau M. dysfunktionale Bewältigungsmechanismen, die sich auf die Erfüllung der Erwartungen anderer konzentrierten. Sie fühlte sich verpflichtet, stets das zu tun, was andere von ihr erwarteten, und bemühte sich, nett und liebenswürdig zu sein, um mögliche Konflikte zu vermeiden. Frau M. unterdrückte ihre eigenen Bedürfnisse und wagte es nicht, aufzubegehren oder ihre eigene Meinung auszudrücken. In der Sprache der Schematherapie entwickelte Frau M. ein ausgeprägtes Unterwerfungsschema. Besonders belastend empfand die Patientin Aussagen ihrer Tante, die ständig betonte, was ihr Vater wohl von ihrem Verhalten halten würde, wenn er noch am Leben wäre. Diese Kommentare verursachten Schuldgefühle und verstärkten ihre Angst vor Ablehnung. Autonomiebestrebungen wurden verstärkt in der Adoleszenz der Patientin massiv sanktioniert, die alleinstehende und isoliert lebende Tante missbrauchte die Patientin emotional, indem sie sie parentifizierend für ihr eigenes Wohlbefinden verantwortlich machte. Dies wirkte sich bis hin zum Verzicht auf die von der Patientin erstrebte Ausbildung und die Wahl ihres Ehepartners aus. Nach vielen Jahren des Leidens beschloss Frau M. schließlich, eine ambulante Psychotherapie aufzusuchen.

Bisheriger Therapieverlauf

Nach mehreren Monaten intensiver Therapie hat Frau M. bereits bedeutende Fortschritte gemacht. Sie hat gelernt, ihre Ängste und Erregung zu regulieren und zur gezielten Entspannung verschiedene Techniken wie die Imagination des „Ruhebildes“ anzuwenden. Gemeinsam haben Therapeut und Patientin auch traumatische Erfahrungen mithilfe des Imagery Rescripting (ImRs) erfolgreich bearbeitet.

In der hier vorgestellten Therapiesequenz geht es um die Überwindung dysfunktionaler Bewältigung im Sinne von Erduldung, Unterwerfung und Vermeidung, um die Aktivierung der neu erworbenen Selbst- und Beziehungsschemata sowie um die Anwendung erlernter Fertigkeiten in einer imaginierten, bevorstehenden Situation. Durch die Aktivierung von Ressourcen in der Imagination sollen Grundbedürfnisse der Patientin befriedigt werden, damit sie ihr eigenes Ziel verfolgen kann, ohne von Ängsten und daraus resultierenden Blockaden eingeschränkt zu werden.

Aktuelle Situation

Die Patientin ist leidenschaftliche Gärtnerin und hat einen kleinen Garten in einer Schrebergartenanlage. Nun fürchtet sie sich davor, der Besitzerin des Nachbargartens zu begegnen. Die Nachbarin manipuliert die Patientin emotional, um ihre eigenen Ziele zu erreichen. Sie setzt die Patientin immer wieder unter Druck und möchte, dass sie ihr bei der Gestaltung ihres Gartens hilft. Die Patientin befürchtet, keine überzeugenden Argumente zu haben, um sich abzugrenzen und wieder nachzugeben, obwohl sie weiß, dass sie das

Recht hat, Nein zu sagen. Die Vorstellung, dass die Nachbarin sie doch wieder mit scheinbar überzeugenden Argumenten überredet, löst bei der Patientin große Wut aus. Gleichzeitig ist sie hoch motiviert, ihr Ziel der Abgrenzung und des Neinsagens zu erreichen. Die neuen, auf der Verhaltensebene trainierten Fertigkeiten (Abgrenzen, Neinsagen) werden aufgegriffen und imaginativ vertieft, ebenso wie die Emotionen von Befreiung und Stärke, die aus dem imaginativen Überschreiben von Kindheitserlebnissen resultierten. Primär geht es darum, in der emotionsaktivierenden imaginativen Arbeit emotionale Hürden zu überwinden und das in der bisherigen Therapie veränderte Selbsterleben in der imaginierten Situation zu aktualisieren.

Beispiel: Transcript der Imaginationssitzung

Th.: Ich möchte Ihnen vorschlagen, die anstehende Situation in Ihrer Vorstellung durchzuspielen, diesmal auf eine etwas andere Art, als Sie es bereits kennen. Es geht darum, dass Sie die Situation in Ihrer Vorstellung so verändern, dass Sie Ihr Ziel erreichen bzw. entsprechend Ihren Bedürfnissen handeln und dass dies sich für Sie richtig anfühlt. Beschreiben Sie mir bitte noch einmal ausführlich und lebhaft die anstehende Situation. Schließen Sie dazu die Augen und stellen Sie sich die Situation lebhaft vor. Wo sind Sie in der Situation? Was können Sie sehen, hören, riechen, fühlen etc.? Wie fühlen Sie sich? Was geht Ihnen durch den Kopf? [Multisensorische Vorstellung der Situation]

Pat.: Ich bin im Garten. Es ist warm. Ich spüre die Sonne auf meiner Haut. Die Nachbarin steht am Zaun, baut sich groß auf, ich fühle mich ganz klein und bekomme Herzklopfen, alles zieht sich zusammen und ich fange an zu zittern. Ich würde am liebsten wieder nach Hause gehen. Die Nachbarin wirkt sehr groß und massiv, wie meine Tante. Sie fängt an, auf mich einzureden. Sie möchte, dass ich ihr helfe, die Erde umzugraben. Ich würde am liebsten klein beigeben und dann ist gut.

Th.: Spüren Sie noch weiter in sich hinein. Was ist da noch?

Pat.: Ich merke, dass ich wütend werde. Ich will es nicht mehr, dass ich immer nachgebe und mich dann hinterher so mies fühle. Ich will meinen Garten genießen und nicht immer Angst haben, dass sie wieder ankommt und was will.

Th.: Denken Sie nochmal an das Ziel, was Sie bezüglich der Situation haben.

Pat.: Ich will ihr sagen, dass ich das nicht machen möchte. Ich will mich endlich frei fühlen und machen, was ich will.

Th.: Bleiben Sie bei Ihren Gefühlen und bei dem, was Sie wollen. Beginnen Sie, das Bild zu verändern. Was brauchen Sie? Was hat Ihnen bisher geholfen, so ein Gespräch zu führen und nicht auszuweichen?

Pat.: Ich brauche jemanden an meiner Seite. Mein Sportlehrer aus der Schule. Der hat mir immer etwas zugetraut und mir Mut gemacht.

Th.: Gut. Stellen Sie sich vor, wo er ist, was er tun soll. Schauen Sie ihn an. Was bemerken Sie?

Pat.: Der schaut mich freundlich an – er glaubt an mich. Er steht nah bei mir.

Th.: Wie geht es Ihnen damit? Wie fühlen Sie sich?

Pat.: Ich fühle mich etwas ruhiger.

Th.: Wo fühlen Sie das?

Pat.: Im Brustbereich.

Th.: Fühlen Sie hin und atmen in sich rein. Sagen Sie sich „Ich fühle mich ruhiger". Jetzt denken Sie an Ihr Ziel: „Ich möchte Nein sagen". Was sind die Schritte, die wir dazu bisher eingeübt haben?

Pat.: Ich schaue sie direkt an. Ich stehe aufrecht. Ich sage mit fester Stimme, dass ich das nicht tun will.

Th.: Bitte tun Sie dies jetzt in Ihrer Vorstellung und spüren dabei die Unterstützung von Ihrem Sportlehrer. Wenn Sie möchten, stellen Sie sich vor, wie er neben Ihnen steht und eine Hand auf Ihre Schulter legt.

Pat.: Ich habe trotzdem noch Angst. Meine Stimme zittert, ich fühle mich ganz klein; am liebsten würde ich wegrennen.

Th.: Was wissen Sie über diese Ängste?

Pat.: Ich weiß, dass diese Ängste daher kommen, dass ich mich immer unterordnen musste, dass ich mich immer anpassen musste und so weiter. Das ist alter Kram; ich sollte mich davon nicht leiten lassen. Will ich auch nicht mehr.

Th.: Sehr gut. Konzentrieren Sie sich wieder auf das Bild und auf Ihr Ziel. Was können Sie in der Vorstellung noch verändern, um es für Sie leichter zu machen?

Pat.: Ich schaue meinen Sportlehrer an. Er sagt: „Auch wenn du jetzt ganz zittrig bist oder stotterst, du bist mutig, du bleibst dran. Mach weiter, du schaffst das."

Th.: Wie ist das für Sie?

Pat.: Das tut gut, das beruhigt mich.

Th.: Was können Sie noch verändern, wenn Sie die Nachbarin anschauen und ihr zuhören? Sie haben mir mal gesagt, dass sie wie ein Specht ist, der auf einen Ast einhackt. Können Sie das in Ihre Vorstellung einfügen?

Pat.: Ja.

Th.: Während die Nachbarin argumentiert, stellen Sie sich weiter das Gehacke vor. Das können Sie auch wie in einem Video auf Schnelllauf einstellen. Wie geht es Ihnen damit?

Pat.: Das ist irgendwie lustig.

Th.: Bleiben Sie dabei und spielen Sie noch etwas mit diesem Bild. Ihrer Vorstellung sind keine Grenzen gesetzt. Wie geht es Ihnen jetzt?

Pat.: Es fühlt sich leichter an, innen drin.

Th.: Bleiben Sie dabei. Was können Sie an sich noch ändern, um Ihr „Nein!" rauszubringen? Denken Sie daran, was wir in den Rollenspielen geübt haben.

Pat.: Aufrecht stehen, ihr in die Augen schauen, kurz, knapp und konkret sprechen. Und das Ganze auf eine freundliche Art sagen.

Th.: Gehen Sie ganz in sich und stellen sich ganz genau vor, wie Sie das jetzt tun.

Pat.: Meine Stimme zittert, mein Herz rast.

Th.: Was können Sie sich sagen? Was könnte Ihr Sportlehrer Ihnen sagen?

Pat.: Er sagt: „Deine Stimme darf zittern. Du lässt dich davon nicht abhalten. Bleib dran."

Th.: Sehr gut. Bleiben Sie in der Vorstellung und sprechen es aus. Wie ist das?

Pat.: Kurz und knapp. „Es tut mir leid, aber ich werde dir nicht helfen, deinen Garten umzugraben."

Th.: Wie geht es Ihnen?

Pat.: Komisch und fremd, aber es geht. Bin noch aufgeregt. Aber froh, dass ich es geschafft habe. Es fühlt sich erwachsen an.

Nach einer Pause,

Pat.: Ich meine schon wieder, ich müsste es ihr erklären, warum ich ihr den Gefallen nicht tue. Dass sie es versteht und nicht sauer ist. Ein bisschen schlechtes Gewissen habe ich doch noch. Ich hätte ja die Zeit und könnte ihr helfen.

Th.: Sie erinnern sich an unsere Stuhldialoge mit dem schlechten Gewissen? Welche Gestalt könnte das schlechte Gewissen haben?

Pat.: Wie auf dem Stuhl – der emotional fordernde Anteil.

Th.: Können Sie sich diesen Anteil vorstellen? Was könnte Ihnen helfen, nachdem Sie schon so oft mit ihm gesprochen haben?

Pat.: Ich könnte ihm sagen, dass er unrecht hat und dass ich ihn links liegen lasse. Ich glaube, ich stelle mir vor, dass ich ihn einsperre und wegbringen lasse.

Th.: Stellen Sie es sich lebhaft vor.

Pat.: Meine Tante hat immer sowas gesagt. Sie hat mich erpresst. Es reicht. Ich muss nicht tun, was andere wollen. Das ist falsch, was du sagst. Ich will endlich frei sein. Ich hör dir nicht mehr zu. Ich lass dich abtransportieren. So.

Th.: Wie fühlt sich das für Sie an? Wie denken Sie darüber?

Pat.: Das fühlt sich jetzt richtig an. Es ist das Gefühl wie vor ein paar Wochen, hier in der Therapie, als ich dem kleinen Mädchen in der Vorstellung gesagt habe, dass es nicht egoistisch ist, wenn es lieber mit den Kindern draußen spielen möchte als mit der Tante Brettspiele. So frei und richtig.

Th.: Genau! Dieses Gefühl wird Ihnen auch in Zukunft helfen, für sich einzustehen, ohne dass das schlechte Gewissen Sie quält. Was könnten Sie sich abschließend sagen, während Sie am Zaun Ihrer Nachbarin stehen, die wieder etwas von Ihnen will?

Pat.: Ich darf an mich denken. Und tun, was ich möchte. Ich habe ein Recht darauf. Und ich kann das, auch wenn ich noch Angst davor habe. Es fühlt sich so befreit an da drin.

Ziel der hier beschriebenen therapeutischen Arbeit ist die funktionale Bewältigung einer Angst und Schuldgefühle auslösenden Situation in näherer Zukunft. Bisher hat die Patientin ihre Ängste und aufkommenden Schuldgefühle durch Vermeidung, Erduldung und Unterordnung bewältigt. In der vorausgegangenen therapeutischen Arbeit konnten die entsprechenden Selbst- und Beziehungsschemata in ihrer biografischen Entstehung verstanden und modifiziert werden; wobei es der Patientin noch schwerfällt, die neuen Sichtweisen und Erfahrungen in ihrem aktuellen Leben wirksam werden zu lassen. In der hier dargestellten Sequenz wird an diesem Transfer systematisch gearbeitet. Nach der Zielfestlegung durch die Patientin und der Aktivierung der aktuellen, der Zielerreichung entgegenstehenden Emotionen, Kognitionen und Verhaltenstendenzen erfolgt imaginativ die Ressourcenaktivierung bzw. Befriedigung basaler Bedürfnisse per Bildtransformation und Reaktivierung emotionaler Erfahrungen und neuer Sichtweisen, sodass die Motivation zur Zielerreichung gestärkt wird. Instrumentell wird auf das in Rollenspielen trainierte selbstsichere Verhalten zurückgegriffen, um auch auf der Verhaltensebene die Zielerreichung zu gewährleisten.

7 Literatur

Abramowitz, J.S. (2013). The practice of exposure therapy: Relevance of cognitive-behavioral theory and extinction theory. *Behavior Therapy, 44*(4), 548–558. https://doi.org/10.1016/j.beth.2013.03.003

Andrade, J., May, J., Deeprose, C., Baugh, S.J. & Ganis, G. (2014). Assessing vividness of mental imagery: The plymouth sensory imagery questionnaire. *British Journal of Psychology, 105*(4), 547–563. https://doi.org/10.1111/bjop.12050

Andrade, J., May, J. & Kavanagh, D. (2012). Sensory imagery in craving: From cognitive psychology to new treatments for addiction. *Journal of Experimental Psychopathology, 3*(2), 127–145. https://doi.org/10.5127/jep.024611

Arntz, A. & Weertman, A. (1999). Treatment of childhood memories: Theory and practice. *Behaviour Research and Therapy, 37*(8), 715–740. https://doi.org/10.1016/S0005-7967(98)00173-9

Bär, A., Bär, H.E., Schneider, M. & Renner, F. (2023). The pupil as a window to the mind's eye: Greater emotionality of episodic imagery than verbal visualisation of rewarding activities. *Journal of Experimental Psychopathology, 14*(2), 20438087231161176.

Bär, H.E., Werthmann, J., Paetsch, A. & Renner, F. (2022). The traces of imagination: Early attention bias toward positively imagined stimuli. *Psychological Research, 87*(5), 1475–1483. https://doi.org/10.1007/s00426-022-01737-0

Bahrke, U. & Nohr, K. (2018). *Katathym Imaginative Psychotherapie: Lehrbuch der Arbeit mit Imaginationen in psychodynamischen Psychotherapien*. Berlin, Heidelberg: Springer.

Beck, A.T. (1971). Cognitive patterns in dreams and day dreams. In J.H. Masserman (Ed.), *Dream Dynamics: Science and Psychoanalysis* (Vol. 19, pp. 2–7). New York: Grune and Stratton.

Beck, J.S. (2005). *Cognitive Therapy for Challenging Problems: What to Do When the Basics Don't Work*. London: Guilford.

Berking, M. & Wupperman, P. (2012). Emotion regulation and mental health: Recent findings, current challenges, and future directions. *Current Opinion in Psychiatry, 25*(2), 128–134. https://doi.org/10.1097/YCO.0b013e3283503669

Berking, M., Wupperman, P., Reichardt, A., Pejic, T., Dippel, A. & Znoj, H. (2008). Emotion-regulation skills as a treatment target in psychotherapy. *Behaviour Research and Therapy, 46*(11), 1230–1237. https://doi.org/10.1016/j.brat.2008.08.005

Bohus, M., Dyer, A.S., Priebe, K., Krüger, A., Kleindienst, N., Schmahl, C. et al. (2013). Dialectical behaviour therapy for post-traumatic stress disorder after childhood sexual abuse in patients with and without borderline personality disorder: A randomised controlled trial. *Psychotherapy and Psychosomatics, 82*(4), 221–233. https://doi.org/10.1159/000348451

Bohus, M. & Wolf-Arehult, M. (2021). *Interaktives Skillstraining für Borderline-Patienten*. Stuttgart: Klett-Cotta.

Boterhoven de Haan, K.L., Lee, C.W., Fassbinder, E., van Es, S.M., Menninga, S., Meewisse, M.-L. et al. (2020). Imagery rescripting and eye movement desensitisation and reprocessing as treatment for adults with post-traumatic stress disorder from childhood trauma: Randomised clinical trial. *The British Journal of Psychiatry: The Journal of Mental Science, 217*(5), 609–615. https://doi.org/10.1192/bjp.2020.158

Brewin, C.R. (1996). Cognitive processing of adverse experiences. *International Review of Psychiatry, 8*(4), 333–339. https://doi.org/10.3109/09540269609051548

Brewin, C.R. (2001). A cognitive neuroscience account of posttraumatic stress disorder and its treatment. *Behaviour Research and Therapy, 39*(4), 373–393. https://doi.org/10.1016/S0005-7967(00)00087-5

Brewin, C.R. (2006). Understanding cognitive behaviour therapy: A retrieval competition account. *Behaviour Research and Therapy, 44*(6), 765–784. https://doi.org/10.1016/j.brat.2006.02.005

Cautela, J.R. (1967). Covert sensitization. *Psychological Reports, 20*(2), 459–468. https://doi.org/10.2466/pr0.1967.20.2.459

Cautela, J.R. (1970). Covert reinforcement. *Behavior Therapy, 1*(1), 33–50. https://doi.org/10.1016/S0005-7894(70)80055-7

Chiupka, C.A., Moscovitch, D.A. & Bielak, T. (2012). In vivo activation of anticipatory vs. post-event autobiographical images and memories in social anxiety. *Journal of Social and Clinical Psychology, 31*(8), 783–809. https://doi.org/10.1521/jscp.2012.31.8.783

Clark, D.M. & Wells, A. (1995). A cognitive model of social phobia. In R.G. Heimberg, M. Liebowitz, D. Hope & F. Schneier (Eds.), *Social Phobia: Diagnosis, Assement and Treatment* (pp. 69–93). New York: Guilford.

Cloninger, C.R. (2006). The science of well-being: An integrated approach to mental health and its disorders. *World Psychiatry: Official Journal of the World Psychiatric Association (WPA), 5*(2), 71–76.

Coughtrey, A.E., Shafran, R. & Rachman, S.J. (2015). Imagery in mental contamination. *Behavioural and Cognitive Psychotherapy, 43*(3), 257–269. https://doi.org/10.1017/S1352465813000957

Craske, M.G. & Barlow, D.H. (2006). *Mastery of Your Anxiety and Worry: Workbook* (2nd ed.) Oxford: Oxford University Press. https://doi.org/10.1093/med:psych/9780195300017.001.0001

Cuijpers, P., Van Straten, A. & Warmerdam, E. (2007). Behavioral activation treatments of depression: A meta-analysis. *Clinical Psychology Review, 27*(3), 318–326. https://doi.org/10.1016/j.cpr.2006.11.001

Dainer-Best, J., Shumake, J.D. & Beevers, C.G. (2018). Positive imagery training increases positive self-referent cognition in depression. *Behaviour Research and Therapy, 111*, 72–83. https://doi.org/10.1016/j.brat.2018.09.010

Di Simplicio, M., Renner, F., Blackwell, S.E., Mitchell, H., Stratford, H.J., Watson, P. et al. (2016). An investigation of mental imagery in bipolar disorder: Exploring „the mind's eye“. *Bipolar Disorders, 18*(8), 669–683. https://doi.org/10.1111/bdi.12453

Dijkstra, N., Bosch, S.E. & van Gerven, M.A. J. (2019). Shared neural mechanisms of visual perception and imagery. *Trends in Cognitive Sciences, 23*(5), 423–434. https://doi.org/10.1016/j.tics.2019.02.004

Dimidjian, S., Barrera, M., Jr., Martell, C., Muñoz, R.F. & Lewinsohn, P.M. (2011). The origins and current status of behavioral activation treatments for depression. *Annual Review of Clinical Psychology, 7*, 1–38. https://doi.org/10.1146/annurev-clinpsy-032210-104535

Djordjevic, J., Zatorre, R.J., Petrides, M., Boyle, J.A. & Jones-Gotman, M. (2005). Functional neuroimaging of odor imagery. *NeuroImage, 24*(3), 791–801. https://doi.org/10.1016/j.neuroimage.2004.09.035

Drechsel, G. (2002). Von der Expo in sensu über Expo in vivo zu Expo in video. *Forum Psychotherapeutische Praxis, 2*(4), 199–204. https://doi.org/10.1026//1616-1041.2.4.199

Dugue, R., Keller, S., Tuschen-Caffier, B. & Jacob, G.A. (2016). Exploring the mind's eye: Contents and characteristics of mental images in overweight individuals with binge eating behaviour. *Psychiatry Research, 246*, 554–560. https://doi.org/10.1016/j.psychres.2016.10.028

Dyer, A.S. (2017). Skills-assistierte Exposition in der Dialektisch Behavioralen Therapie der Posttraumatischen Belastungsstörung (DBT-PTSD). *Zeitschrift für Klinische Psychologie und Psychotherapie, 46*(4), 263–270. https://doi.org/10.1026/1616-3443/a000445

Ehlers, A. & Clark, D.M. (2000). A cognitive model of posttraumatic stress disorder. *Behaviour Research and Therapy, 38*(4), 319–345. https://doi.org/10.1016/S0005-7967(99)00123-0

Ehlers, A., Clark, D.M., Hackmann, A., McManus, F. & Fennell, M. (2005). Cognitive therapy for post-traumatic stress disorder: Development and evaluation. *Behaviour Research and Therapy, 43*(4), 413–431. https://doi.org/10.1016/j.brat.2004.03.006

Ehlers, A., Clark, D.M., Hackmann, A., McManus, F., Fennell, M., Herbert, C. et al. (2003). A randomized controlled trial of cognitive therapy, a self-help booklet, and repeated assessments as early interventions for posttraumatic stress disorder. *Archives of General Psychiatry, 60*(10), 1024–1032. https://doi.org/10.1001/archpsyc.60.10.1024

Ehlers, A., Hackmann, A., Grey, N., Wild, J., Liness, S., Albert, I. et al. (2014). A randomized controlled trial of 7-day intensive and standard weekly cognitive therapy for PTSD and emotion-focused supportive therapy. *American Journal of Psychiatry, 171*(3), 294–304. https://doi.org/10.1176/appi.ajp.2013.13040552

Fink-Lamotte, J., Kursim, A. & Exner, C. (2023). Changing OCD-related feelings of disgust and contamination by cognitive restructuring and imagery modification (CRIM): Test and discussion of an online-application. *Journal of Obsessive-Compulsive and Related Disorders, 37*, 100804. https://doi.org/10.1016/j.jocrd.2023.100804

Foa, E.B., Hembree, E.A. & Olasov, O.R. (2014). *Handbuch der Prolongierten Exposition. Basiskonzepte und Anwendung. Eine Anleitung für Therapeuten*. Lichtenau: Probst.

Foa, E.B. & Kozak, M.J. (1986). Emotional processing of fear: Exposure to corrective information. *Psychological Bulletin, 99*(1), 20–35. https://doi.org/10.1037/0033-2909.99.1.20

Gamble, B., Tippett, L.J., Moreau, D. & Addis, D.R. (2021). The futures we want: How goal-directed imagination relates to mental health. *Clinical Psychological Science, 9*(4), 732–751. https://doi.org/10.1177/2167702620986096

Gilbert, P. (2009). Introducing compassion-focused therapy. *Advances in Psychiatric Treatment, 15*(3), 199–208. https://doi.org/10.1192/apt.bp.107.005264

Gilbert, P. (2014). The origins and nature of compassion focused therapy. *British Journal of Clinical Psychology, 53*(1), 6–41. https://doi.org/10.1111/bjc.12043

Gilbert, P. & Procter, S. (2006). Compassionate mind training for people with high shame and self-criticism: Overview and pilot study of a group therapy approach. *Clinical Psychology & Psychotherapy, 13*(6), 353–379. https://doi.org/10.1002/cpp.507

Gloria, C.T. & Steinhardt, M.A. (2016). Relationships among positive emotions, coping, resilience and mental health. *Stress and Health, 32*(2), 145–156. https://doi.org/10.1002/smi.2589

Görgen, S.M., Hiller, W. & Witthöft, M. (2016). Die Spontaneous Use of Imagery Scale (SUIS) – Entwicklung und teststatistische Prüfung einer deutschen Adaption. *Diagnostica, 62*(1), 31–43. https://doi.org/10.1026/0012-1924/a000135

Grawe, K. & Grawe-Gerber, M. (1999). Ressourcenaktivierung. *Psychotherapeut, 44*(2), 63–73. https://doi.org/10.1007/s002780050149

Greenberg, L.S. (2010). Emotion-focused therapy: A clinical synthesis. *FOCUS, 8*(1), 32–42. https://doi.org/10.1176/foc.8.1.foc32

Hackmann, A., Bennett-Levy, J. & Holmes, E.A. (2011). *Oxford Guide to Imagery in Cognitive Therapy*. Oxford: Oxford University Press. https://doi.org/10.1093/med:psych/9780199234028.001.0001

Hackmann, A., Clark, D.M. & McManus, F. (2000). Recurrent images and early memories in social phobia. *Behaviour Research and Therapy, 38*(6), 601–610. https://doi.org/10.1016/S0005-7967(99)00161-8

Hales, S.A., Blackwell, S.E., Di Simplicio, M., Iyadurai, L., Young, K. & Holmes, E.A. (2014). Imagery-based cognitive-behavioral assessment. In G.P. Brown & D.A. Clark (Eds.), *Assessment in Cognitive Therapy*. New York: Guilford.

Hales, S.A., Blackwell, S.E., Di Simplicio, M., Iyadurai, L., Young, K. & Holmes, E.A. (2015). Imagery-based cognitive-behavioral assessment. In G.P. Brown & D.A. Clark (Eds.), *Assessment in Cognitive Therapy*. New York: Guilford.

Hales, S.A., Deeprose, C., Goodwin, G.M. & Holmes, E.A. (2011). Cognitions in bipolar affective disorder and unipolar depression: Imagining suicide. *Bipolar Disorders, 13*(7–8), 651–661. https://doi.org/10.1111/j.1399-5618.2011.00954.x

Hasking, P.A., Di Simplicio, M., McEvoy, P.M. & Rees, C.S. (2018). Emotional cascade theory and non-suicidal self-injury: The importance of imagery and positive affect. *Cognition & Emotion, 32*(5), 941–952. https://doi.org/10.1080/02699931.2017.1368456

Hautzinger, M. & Pössel, P. (2017). *Kognitive Interventionen*. Göttingen: Hogrefe. https://doi.org/10.1026/02831-000

Hayes, S.C. (2016). Acceptance and Commitment Therapy, Relational Frame Theory, and the Third Wave of Behavioral and Cognitive Therapies – Republished Article. *Behavior Therapy, 47*(6), 869–885. https://doi.org/10.1016/j.beth.2016.11.006

Hayes, S.C., Strosahl, K.D. & Wilson, K.G. (2003). *Acceptance and Commitment Therapy: An Experiential Approach to Behavior Change*. New York: Guilford.

Heise, M., Werthmann, J., Murphy, F., Tuschen-Caffier, B. & Renner, F. (2022). Imagine how good that feels: The impact of anticipated positive emotions on motivation for reward activities. *Cognitive Therapy and Research, 46*, 704–720. https://doi.org/10.1007/s10608-022-10306-z

Herzog, P., Kaiser, T. & de Jongh, A. (2023). Wie Mythen der traumafokussierten Psychotherapie eine adäquate Versorgung erschweren. Ein Plädoyer zur Implementierung evidenzbasierter Verfahren in Deutschland. *Psychotherapeutenjournal, 1*, 30–36.

Hijne, K., Ben Chamach, S. & Dingemans, A.E. (2021). Imagine food, weight and shape: Mental imagery in women with eating disorders compared with healthy controls. *Behavioural and Cognitive Psychotherapy, 49*(3), 328–339. https://doi.org/10.1017/S135246582000065X

Hirsch, C.R., Clark, D.M. & Mathews, A. (2006). Imagery and interpretations in social phobia: Support for the combined cognitive biases hypothesis. *Behavior Therapy, 37*(3), 223–236. https://doi.org/10.1016/j.beth.2006.02.001

Hirsch, C.R., Clark, D.M., Mathews, A. & Williams, R. (2003). Self-images play a causal role in social phobia. *Behaviour Research and Therapy, 41*(8), 909–921. https://doi.org/10.1016/S0005-7967(02)00103-1

Hirsch, C.R. & Holmes, E.A. (2007). Mental imagery in anxiety disorders. *Psychiatry, 6*(4), 161–165. https://doi.org/10.1016/j.mppsy.2007.01.005

Hirsch, C.R. & Mathews, A. (2000). Impaired positive inferential bias in social phobia. *Journal of Abnormal Psychology, 109*(4), 705–712. https://doi.org/10.1037/0021-843X.109.4.705

Hirsch, C.R., Meynen, T. & Clark, D.M. (2004). Negative self-imagery in social anxiety contaminates social interactions. *Memory, 12*(4), 496–506. Retrieved from http://www.informaworld.com/10.1080/09658210444000106

Hofmann, A. (2014). *EMDR. Praxishandbuch zur Behandlung traumatisierter Menschen.* Stuttgart: Thieme.

Hofmann, S.G. & Gómez, A.F. (2017). Mindfulness-based interventions for anxiety and depression. *The Psychiatric Clinics of North America, 40*(4), 739–749. https://doi.org/10.1016/j.psc.2017.08.008

Holmes, E.A. (2004). Intrusive, emotional mental imagery and trauma: Experimental and clinical clues. *Imagination, Cognition and Personality, 23*(2), 147–154. https://doi.org/10.2190/HJG1-7UPH-B3K0-P9H5

Holmes, E.A., Arntz, A. & Smucker, M.R. (2007). Imagery rescripting in cognitive behaviour therapy: Images, treatment techniques and outcomes. *Journal of Behavior Therapy and Experimental Psychiatry, 38*(4), 297–305. https://doi.org/10.1016/j.jbtep.2007.10.007

Holmes, E.A., Blackwell, S.E., Burnett Heyes, S., Renner, F. & Raes, F. (2016). Mental imagery in depression: Phenomenology, potential mechanisms, and treatment implications. *Annual Review of Clinical Psychology, 12*, 249–280. https://doi.org/10.1146/annurev-clinpsy-021815-092925

Holmes, E.A., Coughtrey, A.E. & Connor, A. (2008). Looking at or through rose-tinted glasses? Imagery perspective and positive mood. *Emotion, 8*(6), 875–879. https://doi.org/10.1037/a0013617

Holmes, E.A., Grey, N. & Young, K.A.D. (2005). Intrusive images and „hotspots“ of trauma memories in posttraumatic stress disorder: An exploratory investigation of emotions and cognitive themes. *Journal of Behavior Therapy and Experimental Psychiatry, 36*(1), 3–17. https://doi.org/10.1016/j.jbtep.2004.11.002

Holmes, E.A., Lang, T.J. & Deeprose, C. (2009). Mental imagery and emotion in treatment across disorders: Using the example of depression. *Cognitive Behaviour Therapy, 38*(Suppl. 1), 21–28. https://doi.org/10.1080/16506070902980729

Holmes, E.A., Lang, T.J. & Shah, D.M. (2009). Developing interpretation bias modification as a „cognitive vaccine“ for depressed mood – Imagining positive events makes you feel better than thinking about them verbally. *Journal of Abnormal Psychology, 118*(1), 76–88. https://doi.org/10.1037/a0012590

Holmes, E.A. & Mathews, A. (2005). Mental imagery and emotion: A special relationship? *Emotion, 5*(4), 489–497. https://doi.org/10.1037/1528-3542.5.4.489

Holmes, E.A. & Mathews, A. (2010). Mental imagery in emotion and emotional disorders. *Clinical Psychology Review, 30*(3), 349–362. https://doi.org/10.1016/j.cpr.2010.01.001

Hoyer, J., Beesdo, K., Gloster, A.T., Runge, J., Höfler, M. & Becker, E.S. (2009). Worry exposure versus applied relaxation in the treatment of generalized anxiety disorder. *Psychotherapy and Psychosomatics, 78*(2), 106–115. https://doi.org/10.1159/000201936

Hoyer, J. & Krämer, L.V. (2021). *Verhaltensaufbau und -aktivierung.* Göttingen: Hogrefe. https://doi.org/10.1026/02984-000

Iasiello, M., van Agteren, J., Keyes, C.L.M. & Cochrane, E.M. (2019). Positive mental health as a predictor of recovery from mental illness. *Journal of Affective Disorders, 251*, 227–230. https://doi.org/10.1016/j.jad.2019.03.065

Isen, A. M., Daubman, K. A. & Nowicki, G. P. (1987). Positive affect facilitates creative problem solving. *Journal of Personality and Social Psychology, 52*, 1122–1131. https://doi.org/10.1037/0022-3514.52.6.1122

Ivins, A., Di Simplicio, M., Close, H., Goodwin, G. M. & Holmes, E. A. (2014). Mental imagery in bipolar affective disorder versus unipolar depression: Investigating cognitions at times of „positive" mood. *Journal of Affective Disorders, 166*, 234–242. https://doi.org/10.1016/j.jad.2014.05.007

Jacob, G. A. & Arntz, A. (2022). *Schematherapie.* Göttingen: Hogrefe. https://doi.org/10.1026/03125-000

Jacob, G. A. & Tuschen-Caffier, B. (2011). Imaginative Techniken in der Verhaltenstherapie. *Psychotherapeutenjounal, 10*(2), 139–145.

Ji, J. L., Heyes, S. B., MacLeod, C. & Holmes, E. A. (2016). Emotional mental imagery as simulation of reality: Fear and beyond – A tribute to Peter Lang. *Behavior Therapy, 47*, 702–719. https://doi.org/10.1016/j.beth.2015.11.004

Jung, K. & Steil, R. (2013). A randomized controlled trial on cognitive restructuring and imagery modification to reduce the feeling of being contaminated in adult survivors of childhood sexual abuse suffering from posttraumatic stress disorder. *Psychotherapy and Psychosomatics, 82*(4), 213–220. https://doi.org/10.1159/000348450

Jungmann, S. M., Becker, F. & Witthöft, M. (2022). Erfassung der Lebendigkeit mentaler Vorstellungsbilder. *Diagnostica, 68*(3), 125–136. https://doi.org/10.1026/0012-1924/a000291

Kadriu, F., Claes, L., Witteman, C. & Krans, J. (2022). Imagery rescripting of autobiographical memories versus intrusive images in individuals with disordered eating. *Cognitive Therapy and Research, 46*, 764–775. https://doi.org/10.1007/s10608-021-10258-w

Kavanagh, D. J., Andrade, J. & May, J. (2005). Imaginary relish and exquisite torture: The elaborated intrusion theory of desire. *Psychological Review, 112*(2), 446–467. https://doi.org/10.1037/0033-295X.112.2.446

Kellogg, S. & Garcia Torres, A. (2021). Toward a chairwork psychotherapy: Using the four dialogues for healing and transformation. *Practice Innovations, 6*, 171–180. https://doi.org/10.1037/pri0000149

Keogh, R. & Pearson, J. (2018). The blind mind: No sensory visual imagery in aphantasia. *Cortex, 105*, 53–60. https://doi.org/10.1016/j.cortex.2017.10.012

Keyes, C. L. M., Dhingra, S. S. & Simoes, E. J. (2010). Change in level of positive mental health as a predictor of future risk of mental illness. *American Journal of Public Health, 100*(12), 2366–2371. https://doi.org/10.2105/AJPH.2010.192245

Kip, A., Schoppe, L., Arntz, A. & Morina, N. (2023). Efficacy of imagery rescripting in treating mental disorders associated with aversive memories – An updated meta-analysis. *Journal of Anxiety Disorders, 99*, 102772. https://doi.org/10.1016/j.janxdis.2023.102772

Knäuper, B., Roseman, M., Johnson, P. J. & Krantz, L. H. (2009). Using mental imagery to enhance the effectiveness of implementation intentions. *Current Psychology: A Journal for Diverse Perspectives on Diverse Psychological Issues, 28*, 181–186.

Korrelboom, K. (2000). Versterking van het zelfbeeld bij patiënten met persoonlijkheidspathologie – „hot cognitions" versus „cold cognitions". *Directieve therapie, 20*(3), 134–143. https://doi.org/10.1007/BF03060241

Korrelboom, K., IJdema, T., Karreman, A. & van der Gaag, M. (2022). The effectiveness of transdiagnostic applications of Competitive Memory Training (COMET) on low self-esteem and comorbid depression: A meta-analysis of randomized controlled trials. *Cognitive Therapy and Research, 46*(3), 532–543. https://doi.org/10.1007/s10608-021-10286-6

Korrelboom, K., Marissen, M. & van Assendelft, T. (2011). Competitive Memory Training (COMET) for low self-esteem in patients with personality disorders: A randomized effectiveness study. *Behavioural and Cognitive Psychotherapy, 39*(1), 1–19. https://doi.org/10.1017/S1352465810000469

Korrelboom, K., van der Weele, K., Gjaltema, M. & Hoogstraten, C. (2009). Competitive Memory Training (COMET) for treating low self-esteem: A pilot study in a routine clinical setting. *Behavior Therapist, 32*, 3–9.

Kosslyn, S.M. (1975). Information representation in visual images. *Cognitive Psychology, 7*(3), 341–370. https://doi.org/10.1016/0010-0285(75)90015-8

Kosslyn, S.M., Ball, T.M. & Reiser, B.J. (1978). Visual images preserve metric spatial information: Evidence from studies of image scanning. *Journal of Experimental Psychology: Human Perception and Performance, 4*(1), 47–60. https://doi.org/10.1037/0096-1523.4.1.47

Kosslyn, S.M., Chabris, C., Shephard, J. & Thompson, W. (1998). *Spontaneous Use of Imagery Scale (SUIS)*. Unpublished manuscript, Havard University. Retrieved from https://kosslynlab.fas.harvard.edu/downloads

Kosslyn, S.M., Ganis, G. & Thompson, W.L. (2001). Neural foundations of imagery. *Nature Reviews: Neuroscience, 2*(9), 635–642. https://doi.org/10.1038/35090055

Kosslyn, S.M. & Shwartz, S.P. (1977). A simulation of visual imagery. *Cognitive Science, 1*(3), 265–295. https://doi.org/10.1016/S0364-0213(77)80020-7

Lammers, C.H. (2011). *Emotionsbezogene Psychotherapie. Grundlagen, Strategien und Techniken*. Stuttgart: Klett-Cotta.

Lang, P.J. (1979). A bio-informational theory of emotional imagery. *Psychophysiology, 16*(6), 495–512. https://doi.org/10.1111/j.1469-8986.1979.tb01511.x

Lawrence, H.R., Nesi, J. & Schwartz-Mette, R.A. (2022). Suicidal mental imagery: Investigating a novel marker of suicide risk. *Emerging Adulthood, 10*(5), 1216–1221. https://doi.org/10.1177/21676968211001593

Lazarus, A.A. (2006). *Innenbilder. Imagination in der Therapie und als Selbsthilfe*. Stuttgart: Klett-Cotta.

Lazarus, A.A. & Abramovitz, A. (1962). The use of „Emotive Imagery" in the treatment of children's phobias. *Journal of Mental Science, 108*(453), 191–195. https://doi.org/10.1192/bjp.108.453.191

Leuner, H. (1955). Experimentelles katathymes Bilderleben als ein klinisches Verfahren der Psychotherapie. *Zeitschrift für Psychosomatische Medizin und Psychotherapie, 5*, 185–196.

Lewinsohn, P.M. (1974). A behavioral approach to depression. In R.J. Friedman & M.M. Katz (Eds.), *Psychology of Depression: Contemporary Theory and Research*. Oxford: Wiley.

Linehan, M.M. & Wilks, C.R. (2015). The course and evolution of dialectical behavior therapy. *American Journal of Psychotherapy, 69*(2), 97–110. https://doi.org/10.1176/appi.psychotherapy.2015.69.2.97

Mace, C. (2007). Mindfulness in psychotherapy: An introduction. *Advances in Psychiatric Treatment, 13*(2), 147–154. https://doi.org/10.1192/apt.bp.106.002923

Maercker, A. & Schützwohl, M. (1998). Erfassung von psychischen Belastungsfolgen: Die Impact of Event Skala – revidierte Version (IES-R). *Diagnostica, 44*, 130–141.

Maner, S., Morris, P.G. & Flewitt, B.I. (2023). A systematic review of the effectiveness of compassion focused imagery in improving psychological outcomes in clinical and non-clinical adult populations. *Clinical Psychology & Psychotherapy, 30*(2), 250–269. https://doi.org/10.1002/cpp.2801

Marks, D.F. (1973). Visual imagery differences in the recall of pictures. *British Journal of Psychology, 64*(2), 17–24. https://doi.org/10.1111/j.2044-8295.1973.tb01322.x

May, J., Andrade, J., Kavanagh, D. & Penfound, L. (2008). Imagery and strength of craving for eating, drinking, and playing sport. *Cognition & Emotion, 22*(4), 633–650. Retrieved from http://www.informaworld.com/10.1080/02699930701446296

McEvoy, P. M., Hyett, M. P., Bank, S. R., Erceg-Hurn, D. M., Johnson, A. R., Kyron, M. J. et al. (2022). Imagery-enhanced v. verbally-based group cognitive behavior therapy for social anxiety disorder: A randomized clinical trial. *Psychological Medicine, 52*(7), 1277–1286. https://doi.org/10.1017/S0033291720003001

McEvoy, P. M., Kane, R. T., Saulsman, L. M., Erceg-Hurn, D. M., Moscovitch, D. A., Hendrie, D. et al. (2017). Assessing the efficacy of imagery-enhanced cognitive behavioral group therapy for social anxiety disorder: Study protocol for a randomized controlled trial. *Contemporary Clinical Trials, 60*, 34–41. https://doi.org/10.1016/j.cct.2017.06.010

McIntosh, C. & Crino, R. (2013). Towards a unified worry exposure protocol for generalised anxiety disorder: A pilot study. *Behaviour Change, 30*(3), 210–225. https://doi.org/10.1017/bec.2013.19

McIsaac, H. K. & Eich, E. (2004). Vantage point in traumatic memory. *Psychological Science, 15*(4), 248–253. https://doi.org/10.1111/j.0956-7976.2004.00660.x

Millard, L. A., Wan, M. W., Smith, D. M. & Wittkowski, A. (2023). The effectiveness of compassion focused therapy with clinical populations: A systematic review and meta-analysis. *Journal of Affective Disorders, 326*, 168–192. https://doi.org/10.1016/j.jad.2023.01.010

Möllering, A. (2013). Stabilisierungstechniken. In W. Senf & F.-P. Begher (Hrsg.), *Techniken der Psychotherapie* (S. 96–98). Stuttgart: Thieme.

Morin, C. M., Culbert, J. P. & Schwartz, M. S. (1994). Nonpharmacological interventions for insomnia: A meta-analysis of treatment efficacy. *American Journal of Psychiatry, 151*(8), 1172–1180. https://doi.org/10.1176/ajp.151.8.1172

Morina, N., Deeprose, C., Pusowski, C., Schmid, M. & Holmes, E. A. (2011). Prospective mental imagery in patients with major depressive disorder or anxiety disorders. *Journal of Anxiety Disorders, 25*(8), 1032–1037. https://doi.org/10.1016/j.janxdis.2011.06.012

Morina, N., Lancee, J. & Arntz, A. (2017). Imagery rescripting as a clinical intervention for aversive memories: A meta-analysis. *Journal of Behavior Therapy and Experimental Psychiatry, 55*, 6–15. https://doi.org/10.1016/j.jbtep.2016.11.003

Moulton, S. T. & Kosslyn, S. M. (2009). Imagining predictions: Mental imagery as mental emulation. *Philosophical Transactions of The Royal Society B: Biological Sciences, 364*(1521), 1273–1280. https://doi.org/10.1098/rstb.2008.0314

Müller-Engelmann, M. & Steil, R. (2017). Cognitive restructuring and imagery modification for posttraumatic stress disorder (CRIM-PTSD): A pilot study. *Journal of Behavior Therapy and Experimental Psychiatry, 54*, 44–50. https://doi.org/10.1016/j.jbtep.2016.06.004

Nacasch, N., Rachamim, L. & Foa, E. B. (2015). Prolonged exposure treatment. In M. P. Safir, H. S. Wallach & A. Rizzo (Eds.), *Future Directions in Post-Traumatic Stress Disorder: Prevention, Diagnosis, and Treatment* (pp. 245–251). Boston: Springer.

Nelis, S., Holmes, E. A., Griffith, J. W. & Raes, F. (2014). Mental imagery during daily life: Psychometric evaluation of the spontaneous use of imagery scale (SUIS). *Psychologica Belgica, 54*(1), 19–32. https://doi.org/10.5334/pb.ag

Neuner, F. (2008). Stabilisierung vor Konfrontation in der Traumatherapie – Grundregel oder Mythos? *Verhaltenstherapie, 18*(2), 109–118. https://doi.org/10.1159/000134006

Padesky, C.A. & Holmes, E.A. (2010). Imagery: The language of emotion. In C. Padesky & H. Kennerley (Eds.), *Dialogues for Discovery: Improving Psychotherapy's Effectiveness* (pp. 195–242). Oxford: Oxford University Press.

Paivio, A. (1978). Comparisons of mental clocks. *Journal of Experimental Psychology: Human Perception and Performance, 4*(1), 61–71. https://doi.org/10.1037/0096-1523.4.1.61

Pascual-Leone, A. & Greenberg, L.S. (2007). Emotional processing in experiential therapy: why „the only way out is through". *Journal of Consulting and Clinical Psychology, 75*(6), 875–887. https://doi.org/10.1037/0022-006X.75.6.875

Patel, T., Brewin, C.R., Wheatley, J., Wells, A., Fisher, P. & Myers, S. (2007). Intrusive images and memories in major depression. *Behaviour Research and Therapy, 45*(11), 2573–2580. https://doi.org/10.1016/j.brat.2007.06.004

Pearson, J., Naselaris, T., Holmes, E.A. & Kosslyn, S.M. (2015). Mental imagery: Functional mechanisms and clinical applications. *Trends in Cognitive Sciences, 19*(10), 590–602. https://doi.org/10.1016/j.tics.2015.08.003

Pictet, A., Jermann, F. & Ceschi, G. (2016). When less could be more: Investigating the effects of a brief internet-based imagery cognitive bias modification intervention in depression. *Behaviour Research and Therapy, 84*, 45–51. https://doi.org/10.1016/j.brat.2016.07.008

Powers, M.B., Halpern, J.M., Ferenschak, M.P., Gillihan, S.J. & Foa, E.B. (2010). A meta-analytic review of prolonged exposure for posttraumatic stress disorder. *Clinical Psychology Review, 30*(6), 635–641. https://doi.org/10.1016/j.cpr.2010.04.007

Pressman, S.D., Jenkins, B.N. & Moskowitz, J.T. (2019). Positive affect and health: What do we know and where next should we go? *Annual Review of Psychology, 70*(1), 627–650. https://doi.org/10.1146/annurev-psych-010418-102955

Pugh, M. (2018). Cognitive behavioural chairwork. *International Journal of Cognitive Therapy, 11*, 100–116. https://doi.org/10.1007/s41811-018-0001-5

Reddemann, L. (2022). *Imagination als heilsame Kraft. Ressourcen und Mitgefühl in der Behandlung von Traumafolgen*. Stuttgart: Klett-Cotta.

Renner, F. & Holmes, E.A. (2018). Mental imagery in cognitive therapy: Research and examples of imagery-focussed emotion, cognition and behaviour change. In R.L. Leahy (Ed.), *Science and Practice in Cognitive Therapy: Foundations, Mechanisms, and Applications* (pp. 142–158). New York: Guilford.

Renner, F., Ji, J.L., Pictet, A., Holmes, E.A. & Blackwell, S.E. (2016). Effects of engaging in repeated mental Imagery of future positive events on behavioural activation in individuals with major depressive disorder. *Cognitive Therapy and Research, 41*(3), 369–380. https://doi.org/10.1007/s10608-016-9776-y

Renner, F., Murphy, F.C., Ji, J.L., Manly, T. & Holmes, E.A. (2019). Mental imagery as a „motivational amplifier" to promote activities. *Behaviour Research and Therapy, 114*, 51–59. https://doi.org/10.1016/j.brat.2019.02.002

Renner, F., Werthmann, J., Paetsch, A., Bär, H.E., Heise, M. & Bruijniks, S.J. E. (2021). Prospective mental imagery in depression: Impact on reward processing and reward-motivated behaviour. *Clinical Psychology in Europe, 3*(2), e3013. https://doi.org/10.32872/cpe.3013

Rindermann, H. (2021). Emotionale Kompetenz. In *Dorsch Lexikon der Psychologie*. Verfügbar unter: https://dorsch.hogrefe.com/stichwort/emotionale-kompetenz

Roediger, E. (2009). *Praxis der Schematherapie: Grundlagen, Anwendung, Perspektiven*. Stuttgart: Schattauer.

Sachse, R. (2014). Die Erzeugung von Gegenaffekten. In R. Sachse & T.A. Langens (Hrsg.), *Emotionen und Affekte in der Psychotherapie* (S. 219). Göttingen: Hogrefe.

Sack, M. & Gromes, B. (2023). *Schonende Traumatherapie. Ressourcenorientierte Behandlung von Traumafolgestörungen*. Stuttgart: Klett-Cotta.

Saulsman, L.M., Ji, J.L. & McEvoy, P.M. (2019). The essential role of mental imagery in cognitive behaviour therapy: What is old is new again. *Australian Psychologist, 54*(4), 237–244. https://doi.org/10.1111/ap.12406

Schmucker, M. & Köster, R. (2022). IRRT – Imagery Rescripting & Reprocessing Therapy. In M. Linden & M. Hautzinger (Hrsg.), *Verhaltenstherapiemanual – Erwachsene* (S. 353–357). Berlin: Springer.

Seebauer, L. & Jacob, G. (2021). *Imaginatives Überschreiben*. Göttingen: Hogrefe. https://doi.org/10.1026/02821-000

Seligman, M.E.P., Rashid, T. & Parks, A.C. (2006). Positive psychotherapy. *American Psychologist, 61*, 774–788. https://doi.org/10.1037/0003-066X.61.8.774

Shapiro, F. (1989). Eye movement desensitization: A new treatment for post-traumatic stress disorder. *Journal of Behavior Therapy and Experimental Psychiatry, 20*(3), 211–217. https://doi.org/10.1016/0005-7916(89)90025-6

Shapiro, F. (2002). EMDR 12 years after its introduction: Past and future research. *Journal of Clinical Psychology, 58*(1), 1–22. https://doi.org/10.1002/jclp.1126

Smucker, M.R., Dancu, C.V., Foa, E.B. & Niederee, J.L. (1995). Imagery rescripting: A new treatment for survivors of childhood sexual abuse suffering from post-traumatic stress. *Journal of Cognitive Psychotherapy, 9*(1), 3–17. https://doi.org/10.1891/0889-8391.9.1.3

Smucker, M.R., Reschke, K. & Kögel, B. (2008). *Imagery Rescripting & Reprocessing Therapy. Behandlungsmanual für Typ I Trauma*. Aachen: Shaker.

Sonnenmoser, M. (2003). Katathym-imaginative Psychotherapie: Imaginationen gewinnen an Bedeutung. *Deutsches Ärzteblatt International, 2*(7), [325].

Speckens, A.E.M., Hackmann, A., Ehlers, A. & Cuthbert, B. (2007). Imagery special issue: Intrusive images and memories of earlier adverse events in patients with obsessive compulsive disorder. *Journal of Behavior Therapy and Experimental Psychiatry, 38*(4), 411–422. https://doi.org/10.1016/j.jbtep.2007.09.004

Stanton, C.H. & Tolin, D.F. (2023). Exposure therapy for anxiety disorders. In H.S. Friedman & C.H. Markey (Eds.), *Encyclopedia of Mental Health* (pp. 857–865). Oxford: Academic Press. https://doi.org/10.1016/B978-0-323-91497-0.00065-5

Steil, R., Benner, A., Müller-Engelmann, M. & Hadouch, K. (2015). Cognitive restructuring and imagery modification. *Psychotherapeut, 60*(4), 310–314.

Stetter, F. (1998). Was geschieht, ist gut. *Psychotherapeut, 43*(4), 209–220. https://doi.org/10.1007/s002780050118

Teismann, T. & Margraf, J. (2018). *Exposition und Konfrontation*. Göttingen: Hogrefe. https://doi.org/10.1026/02825-000

Thünker, J. & Pietrowsky, R. (2021). *Alpträume: Ein Therapiemanual*. Göttingen: Hogrefe. https://doi.org/10.1026/03106-000

Tiggemann, M. & Kemps, E. (2005). The phenomenology of food cravings: The role of mental imagery. *Appetite, 45*(3), 305–313. https://doi.org/10.1016/j.appet.2005.06.004

Ullmann, H. & Wilke, E. (2012). *Handbuch Katathym Imaginative Psychotherapie*. Bern: Huber.

van der Heiden, C. & ten Broeke, E. (2009). The When, Why, and How of Worry Exposure. *Cognitive and Behavioral Practice, 16*(4), 386–393. https://doi.org/10.1016/j.cbpra.2008.11.003

Van Kuiken, D. (2004). A meta-analysis of the effect of guided imagery practice on outcomes. *Journal of Holistic Nursing: Official Journal of the American Holistic Nurses' Association, 22*(2), 164–179. https://doi.org/10.1177/0898010104266066

Voderholzer, U., Hauer, M. & Reisenzein-Hirsch, E. (2014). Konfrontationsverfahren in der Behandlung psychischer Störungen. *PSYCH up2date, 8*(03), 157–172. https://doi.org/10.1055/s-0034-1370010

Watkins, J.G. (1971). The affect bridge: A hypnoanalytic technique. *International Journal of Clinical and Experimental Hypnosis, 19*, 21–27. https://doi.org/10.1080/00207147108407148

Watkins, J.G. & Watkins, H. (2003). *Ego-States. Theorie und Therapie*. Heidelberg: Carl-Auer.

Watson, J.B. (1913). Psychology as the behaviourist views it. *Psychological Review, 20*(2), 158–177. https://doi.org/10.1037/h0074428

Weiss, D.S. & Marmar, C.R. (1997). The Impact of Event Scale – Revised. In J.P. Wilson & T.M. Keane (Eds.), *Assessing Psychological Trauma and PTSD: A Handbook for Practitioners* (pp. 399–411). New York: Guilford.

Wells, A. (2011). *Metacognitive Therapy for Anxiety and Depression*. New York: Guilford.

Wells, A. & Matthews, G. (1996). Modelling cognition in emotional disorder: The S-REF model. *Behaviour Research and Therapy, 34*(11), 881–888. https://doi.org/10.1016/S0005-7967(96)00050-2

Wild, J. & Clark, D.M. (2011). Imagery rescripting of early traumatic memories in social phobia. *Cognitive and Behavioral Practice, 18*(4), 433–443. https://doi.org/10.1016/j.cbpra.2011.03.002

Wisco, B.E., Marx, B.P., Sloan, D.M., Gorman, K.R., Kulish, A.L. & Pineles, S.L. (2015). Self-distancing from trauma memories reduces physiological but not subjective emotional reactivity among Veterans with posttraumatic stress disorder. *Clinical Psychological Science: A Journal of the Association for Psychological Science, 3*(6), 956–963. https://doi.org/10.1177/2167702614560745

Wolitzky-Taylor, K.B. & Telch, M.J. (2010). Efficacy of self-administered treatments for pathological academic worry: A randomized controlled trial. *Behaviour Research and Therapy, 48*(9), 840–850. https://doi.org/10.1016/j.brat.2010.03.019

Wolpe, J. (1961). The systematic desensitization treatment of neuroses. *Journal of Nervous and Mental Disease, 132*, 189–203. https://doi.org/10.1097/00005053-196103000-00001

Yoo, S.S., Freeman, D.K., McCarthy, J.J., 3rd & Jolesz, F.A. (2003). Neural substrates of tactile imagery: a functional MRI study. *Neuroreport, 14*(4), 581–585.

Young, J.E., Klosko, J.S. & Weishaar, M.E. (2003). *Schema Therapy: A Practitioner's Guide*. New York: Guilford.

Zatorre, R.J., Chen, J.L. & Penhune, V.B. (2007). When the brain plays music: auditory-motor interactions in music perception and production. *Nature Reviews Neuroscience, 8*(7), 547–558. https://doi.org/10.1038/nrn2152

Zatorre, R.J. & Halpern, A.R. (2005). Mental concerts: Musical imagery and auditory cortex. *Neuron, 47*(1), 9–12. https://doi.org/10.1016/j.neuron.2005.06.013

8 Kompetenzziele und Lernkontrollfragen

Kompetenzziele

Folgendes Wissen und folgende Kompetenzen können durch die Lektüre dieses Buches erworben werden:

1. Theoretische Modelle zum Phänomen Imagination benennen können.
2. Diagnostische Instrumente zur Erfassung von Imaginationsfähigkeit und Imaginationsneigung benennen können.
3. Indikationsbereiche imaginativer Arbeit benennen können.
4. Den Einsatz von Imagination als Diagnostikum im Rahmen der KVT einordnen können.
5. Unterschiedliche Zielsetzungen imaginativer Techniken kennenlernen.
6. Spezielle imaginative Techniken und deren Indikationsbereiche kennenlernen.
7. Bedeutsame imaginative Ansätze außerhalb der KVT exemplarisch und kompakt in ihren Grundzügen beschreiben können.
8. Probleme bei der Durchführung imaginativer Arbeit und Besonderheiten in der Anwendung einzelner Techniken benennen können.
9. Einen Überblick zu bedeutsamen Studien zur Wirksamkeit imaginativer Techniken erwerben.
10. Möglichkeiten erkennen, das näher beschriebene therapeutisch imaginative Vorgehen in der eigenen praktische Arbeit einzusetzen.

Lernkontrollfragen

1. Welches theoretische Modell fasst Imagination als ein assoziatives Netzwerk aus Erinnerungen auf?
   a. Die Bio-Informationstheorie emotionaler Vorstellung.
   b. Kosslyns Theorie der bildlichen Vorstellung.
   c. Die Theorie des Abrufwettbewerbs (Retrieval-Competition-Modell).
   d. Das kognitive Modell der PTBS nach Ehlers und Clark.

2. Welches diagnostische Instrument erfasst die Imaginationsfähigkeit?
   a. Impact of Event Scale.

b. Vividness of Visual Imagery Questionnaire.
c. Spontaneous Use of Imagery Scale.
d. Spaltenprotokolle.

3. Ziel der sogenannten Affektbrücke ist es ...
   a. Zusammenhänge zwischen dem aktuellen Erleben und früheren Erlebnissen aufzudecken.
   b. Zusammenhänge zwischen dysfunktionalen Kognitionen und Emotionen aufzudecken.
   c. vermiedene Emotionen im Hier und Jetzt erlebbar zu machen.
   d. eine kognitive Neubewertung herbeizuführen.

4. In welche der folgenden Kategorien von Interventionen sind imaginative Techniken grundsätzlich einzuordnen?
   a. Kognitive Interventionen.
   b. Verhaltensnahe Interventionen.
   c. Interpersonelle Interventionen.
   d. Emotionsfokussierte/Erlebnisorientierte Interventionen.

5. Welche konkrete imaginative Technik ist dem Zielsetzungsbereich „Reduktion und Transformation negativer Gefühle" zuzuordnen?
   a. Sicherer Ort.
   b. Bewältigungsimagination.
   c. Tresorübung.
   d. Imaginatives Überschreiben.

6. Bei welchen der folgenden Therapieansätze und Methoden wird imaginativ gearbeitet?
   a. Systemische Therapie.
   b. Eye Movement Desensitization and Reprocessing (EMDR).
   c. Personenzentrierte Therapie.
   d. Klassische Psychoanalyse.

7. Welcher der folgenden Aspekte kann die Arbeit mit imaginativen Techniken erschweren?
   a. Traumatische Erlebnisse in der Kindheit.
   b. Sozialphobische Ängste.
   c. Emotionale Vermeidungstendenzen.
   d. Niedriges Selbstwerterleben.

8. Was stellt eine Kontraindikation für Imaginatives Überschreiben dar?
   a. Das Vorliegen einer depressiven Störung.
   b. Traumatische Erlebnisse in der Kindheit.
   c. Fortgesetzte Traumatisierung bzw. Täterkontakt.
   d. Starker Leidensdruck mit intensiven dysfunktionalen Emotionen.

9. Innerhalb welcher kognitiv-verhaltenstherapeutischer Weiterentwicklung kommt Imaginatives Überschreiben zum Einsatz?
   a. Akzeptanz- und Commitment-Therapie.
   b. Schematherapie.
   c. Metakognitive Therapie.
   d. Dialektisch-Behaviorale Therapie.

10. Welche Aussage zur Wirksamkeit von imaginativen Techniken zur Reduktion und Transformation negativer Gefühle trifft zu?
    a. Imaginatives Überschreiben zeigte in Metaanalysen große Effekte für den Störungsbereich PTBS.
    b. Bisher liegen ausschließlich präklinische Studien zu diesen Techniken vor.
    c. Die Wirksamkeit von Exposition in vivo ist geringer als die Wirksamkeit der Exposition in sensu.
    d. Imaginatives Nacherleben zeigte in Metaanalysen kleine Effekte für den Störungsbereich PTBS.

Beantworten Sie die hier abgedruckten Lernkontrollfragen in unserem Continuing Education Portal und sammeln Sie einfach und bequem Fortbildungspunkte der Kategorie D für Fachkräfte im Bereich Psychotherapie (CE). Der Zugang zu zertifizierten Online-Fortbildungen steht Ihnen rund um die Uhr zur Verfügung. Mehr Informationen zu diesem kostenpflichtigen Service finden Sie unter: ce.hogrefe.com

9 Anhang

Erfassung der Lebhaftigkeit und der emotionalen Beteiligung durch mentale Bilder

Bitte schätzen Sie ein, wie lebhaft und deutlich Sie sich die Situation vorstellen konnten und inwieweit die Vorstellung in Ihnen Gefühle ausgelöst hat. Markieren Sie auf den Skalen jeweils den Punktwert, der Ihrer Einschätzung am besten entspricht.

Ich konnte mir die Situation lebhaft vorstellen

1	2	3	4	5	6	7	8	9	10
○	○	○	○	○	○	○	○	○	○

Überhaupt nicht — Voll und ganz

Ich hatte eine klare und deutliche Vorstellung der Situation in meinem Kopf

1	2	3	4	5	6	7	8	9	10
○	○	○	○	○	○	○	○	○	○

Überhaupt nicht — Voll und ganz

Die Vorstellung hat in mir Gefühle ausgelöst

1	2	3	4	5	6	7	8	9	10
○	○	○	○	○	○	○	○	○	○

Überhaupt nicht — Voll und ganz

Spaltenprotokoll: Vorstellungsbilder				
Datum	Auslöser, Situation	Gedanke oder Vorstellungsbild	Gefühl	Bedeutung

Vor- und Nachbesprechung einer Imaginationsübung – Anleitung für Therapeutinnen und Therapeuten

Einführung und Zielsetzung

- Vermitteln Sie dem Patienten eine möglichst konkrete Vorstellung davon, was imaginative Arbeit bedeutet und beinhaltet, welchen therapeutischen Sinn und Zweck sie erfüllt und warum sie bei der Problematik des Patienten die Methode der Wahl ist. Formulieren Sie konkrete Ziele des jeweiligen Vorgehens.
- Ermutigen Sie den Patienten eventuelle Vorbehalte, Zweifel und Befürchtungen zu äußern und Fragen zu allen Aspekten der imaginativen Arbeit zu stellen. Klären Sie Erwartungen und Vorstellungen bezüglich der Mitarbeit des Patienten. Betonen Sie, dass es keine unzureichenden, richtigen oder falschen inneren Bilder gibt.
- Sorgen Sie auf verschiedenen Ebenen für ein hohes Ausmaß an Kontrolle, um Sicherheit, Selbstfürsorge und Selbstverantwortung zu fördern. Besonders bei konfrontativer Arbeit mit erschreckenden und beängstigenden Bildern sollten im Vorfeld mit dem Patienten Techniken eingeübt werden, die Sicherheit vermitteln und Selbstwirksamkeit erfahrbar machen. So sollte vorab die Imagination eines sicheren Ortes eingeübt werden, der, sollte die emotionale Belastung während der imaginativen Arbeit zu stark werden, in der Vorstellung aufgesucht werden kann. Hilfreich sind auch Distanzierungstechniken wie die Bildschirmtechnik, bei der der Patient das Geschehen auf eine Leinwand projiziert, sowie der Einsatz schützender Vorstellungen wie zum Beispiel einer imaginären Wand, einer schützenden Blase oder eines Schutzanzugs. Die zusätzliche Erfahrung von Selbstwirksamkeit und Kontrolle kann durch aktive Steuerung und Veränderung des Geschehens erreicht werden, indem der Patient zum Beispiel mithilfe einer imaginären Fernbedienung belastende Bilder raum-zeitlich verändert (zum Beispiel durch einen Schnelldurchlauf, Rückwärtslauf oder eine Verkleinerung oder Verfremdung des Bildes).
- Neben einem angemessenen zeitlichen Rahmen und einer ruhigen und störungsfreien Umgebung sollten klare Absprachen bezüglich besonderer Situationen getroffen werden. Besondere Situationen sind beispielsweise starke Angst und Unsicherheit vor den Übungen oder eine zu starke Belastung während der Übungen. So können Stoppsignale und eine Verankerung im Hier und Jetzt vereinbart werden, wie zum Beispiel die Arbeit mit geöffneten Augen, Grounding (Fuß-Boden Kontakt) oder das Drücken eines Balls. Bei Anzeichen der Dissoziation sollten Techniken der Reorientierung angewendet werden. Außerdem sollten die Hintergründe der Dissoziationsneigung geklärt werden. Eine weitere besondere Situation stellt die emotionale Vermeidung dar. Emotionales Vermeidungsverhalten sollte thematisiert werden und der motivationale Hintergrund (häufig Angst) sollte geklärt werden.
- Ablauf und Inhalte einer Übung sollten so weit wie möglich dem Patienten vorab vorgestellt werden, um eine entspannte Grundhaltung und Sicherheit zu ermöglichen.

- Bitten Sie den Patienten ausdrücklich darum, sich die jeweilige Situation multisensorisch und so lebhaft wie möglich vorzustellen und dabei möglichst die Augen geschlossen zu halten, um eine hohe Wirksamkeit der Technik zu erzielen. Beschreiben Sie ihm auch das Therapeutenverhalten: Geöffnete Augen, ruhiges und langsames Sprechen und falls nötig Unterstützung.

Nachbesprechung

- Nach der von der Zielsetzung abhängigen Durchführung der Übung erfolgt eine Nachbesprechung, für die ausreichend Zeit eingeplant werden sollte. Hierbei sollte besprochen werden, wie es dem Patienten bei der Übung ergangen ist und welche Gedanken und Gefühle aufgekommen sind. Gerade bei der Arbeit mit belastenden Erinnerungen sollte sichergestellt werden, dass die Patienten die Sitzung in einem stabilen Zustand verlassen können.
- Zum Transfer der Übung in den Alltag der Patienten kann es hilfreich sein, mit dem Patienten zu besprechen, was die Lernerfahrung aus der Übung für konkrete Alltagssituationen bedeutet.

Imaginative Entspannungsübung

Diese Übung soll Ihnen die Möglichkeit bieten, Stress abzubauen und Entspannung zu erleben, indem Sie Ihre Vorstellungskraft nutzen. Diese sogenannten Imaginativen Entspannungstechniken helfen dabei, die mit belastenden Gedanken oder Erinnerungen häufig einhergehende Anspannung zu verringern. Diese Form der Entspannung ermöglicht es, sich in Ihrer Vorstellung an einen anderen Ort zu begeben und dort angenehme Empfindungen, Entspannung und innere Ruhe zu empfinden. Bitte folgen Sie den untenstehenden Schritten, um die Übung durchzuführen. Sie können die Anleitung auch auf Ihrem Smartphone aufnehmen und bei Bedarf anhören.

Schritt 1: Vorbereitung

- Finden Sie einen ruhigen und bequemen Ort, an dem Sie sich entspannen können.
- Setzen Sie sich in eine bequeme Position oder legen Sie sich hin.
- Schließen Sie Ihre Augen und atmen Sie langsam und tief ein und aus, um sich zu entspannen.

Schritt 2: Vorstellung mit allen Sinnen

- Stellen Sie sich einen Ort vor, den Sie mit Ruhe und Gelassenheit verbinden. Dies könnte ein Strand, ein Wald, ein Garten oder ein anderer Ort sein, den Sie gerne besuchen.
- Achten Sie auf alle Details Ihrer Umgebung: Was können Sie hören, riechen, sehen? Was spüren Sie? Konzentrieren Sie sich auf Ihre Sinneseindrücke, um die Umgebung intensiv zu erleben.
- Lassen Sie Ihre Vorstellungskraft lebendig werden und erschaffen Sie eine reiche und beruhigende Atmosphäre um sich herum.

Schritt 3: Fokus auf das Entspannungserleben

- Spüren Sie, wie sich Ihre Muskeln entspannen und wie Sie langsam zur Ruhe kommen.
- Lassen Sie Ihre Gedanken vorbeiziehen wie Wolken am Himmel, ohne sich an ihnen festzuhalten.
- Verbleiben Sie im Bild – bis eine deutliche Entspannung einsetzt.

Schritt 4: Rückkehr

- Öffnen Sie langsam Ihre Augen und kehren Sie in den Raum zurück.
- Nehmen Sie sich einen Moment Zeit, um die Entspannung und das Wohlbefinden zu genießen, das Sie während dieser Übung erfahren haben.
- Nehmen Sie diese Gefühle mit in das Hier und Jetzt.

Wochenplan für die imaginative Aktivitätenplanung

	Morgens	Vormittags	Abends
Montag			
Dienstag			
Mittwoch			
Donnerstag			
Freitag			
Samstag			
Sonntag			

Anleitung zur Imaginativen Aktivitätenplanung

Diese Übung soll Ihnen die Möglichkeit bieten, die von Ihnen in Ihren Wochenplan eingeplanten Aktivitäten in der Vorstellung, also imaginativ, zu erproben, bevor Sie die geplanten Aktivitäten tatsächlich angehen. Das imaginative Erproben geplanter Aktivitäten kann Ihre Motivation steigern, den Wochenplan auch tatsächlich umzusetzen. Bitte folgen Sie den untenstehenden Schritten, um die Übung durchzuführen. Sie können die Instruktionen auch auf Ihrem Smartphone aufnehmen und bei Bedarf anhören.

Einführung: Ich bitte Sie, sich die Aktivität, die Sie in Ihren Wochenplan für (Tag/Uhrzeit) eingeplant haben, vorzustellen. Gestalten Sie diese Aktivität in ihrer Vorstellung so intensiv und lebhaft wie möglich aus. Versuchen Sie sich so gut wie möglich darauf zu konzentrieren. Sollten Sie gedanklich abschweifen, was ganz normal ist, kommen Sie gelassen zu Ihrem Vorstellungsbild zurück. Bitte schließen Sie jetzt Ihre Augen und entspannen Sie sich.

Kontext/Situation: Stellen Sie sich vor, es ist der von Ihnen gewählte Zeitpunkt und Sie sind gerade an dem Ort und in der Situation, in der Sie diese Aktivität ausführen möchten. Sie haben geplant, Ihre Aktivität durchzuführen. Stellen Sie sich die Situation vor. Versuchen Sie, alles so zu sehen und so zu hören, als ob Sie wirklich an diesem konkreten Ort anwesend wären – so anschaulich wie möglich. Tauchen Sie ganz in die Situation ein und nehmen Sie Ihre Umgebung wahr. Sie erinnern sich daran, Ihre geplante Aktivität jetzt zu beginnen. Nehmen Sie sich einen Moment Zeit, um sich darauf zu konzentrieren.

Ausführung der Aktivität: Stellen Sie sich vor, dass Sie Ihrem Plan folgen und mit Ihrer Aktivität beginnen. Stellen Sie sich die Details vor, so, als ob Sie es wirklich tun würden. Was können Sie dabei sehen, was können Sie dabei hören, was können Sie dabei fühlen, was können Sie dabei riechen? Wenn Sie möchten, können Sie gedanklich noch einmal zurückgehen und sich alles so vorstellen, wie es sich richtig für Sie anfühlt.

Aktivierung positiver Gefühle: Stellen Sie sich jetzt vor, wie gut es sich anfühlt, einige Zeit mit der Ausführung der von Ihnen gewählten Aktivität zu verbringen. Konzentrieren Sie sich auf die positivsten Aspekte. Lassen Sie sich Zeit. Spüren Sie alle angenehmen Gefühle und Empfindungen, die Sie mit dieser Aktivität verbinden. Bemerken Sie, wie gut sich das anfühlt. Konzentrieren Sie sich jetzt auf den Teil Ihrer Vorstellung, in dem das von der Aktivität ausgelöste angenehme Gefühl am intensivsten ist. Stellen Sie sich diesen Teil richtig anschaulich vor, so lebhaft und echt wie möglich. Nehmen Sie sich noch einen Moment Zeit, um bei diesem Bild zu verweilen. Wenn es sich für Sie stimmig anfühlt, können Sie Ihre Augen langsam wieder öffnen. Kehren Sie mit Ihrer Aufmerksamkeit wieder in das Hier und Jetzt zurück.

Imaginatives Überschreiben

Allgemeine Vorbereitung

Einführung in die Intervention: „Sie haben mir von einer Situation berichtet, in der Sie sich sehr schlecht gefühlt haben. Vielleicht erleben Sie diese Gefühle, die für Sie in ihrer Ausprägung unerklärlich sind, häufiger. Dies kann ein Hinweis darauf sein, dass die aktuellen Probleme in Zusammenhang mit Erfahrungen aus Ihrer Biografie stehen. Um Ihre Gefühle zu verstehen und sie hin in Richtung eines positiven Befindens zu verändern, arbeiten wir mit Imaginativem Überschreiben. Dabei verändern wir in der Vorstellung die alte Situation dergestalt, dass Sie eine neue positive Erfahrung machen und diese auf die aktuelle Situation im Sinne einer Problemlösung übertragen können. Wir können natürlich nicht ändern, was in Ihrer Vergangenheit geschehen ist und es ist auch nicht das Ziel, die Erinnerungen daran zu löschen. Aber wir können daran arbeiten, die Bedeutung, die Sie den Erfahrungen beigemessen haben, zu verändern. Hierdurch werden Sie lernen, besser für sich zu sorgen und eine neue realistische Einstellung zu sich selbst und den Ereignissen zu entwickeln."

Klärung offener Fragen: „Der Prozess und die Ziele des Imaginativen Überschreibens mögen, so wie ich sie Ihnen beschrieben habe, abstrakt und schwer vorstellbar bleiben. Bitte stellen Sie Fragen, falls Ihnen etwas unklar ist. Anhand konkreter Beispiele kann die Übung und deren Zielsetzung für Sie besser vorstellbar werden. Manche Patienten fragen nach dem Sinn der Übung, da sich die Vergangenheit ja nicht verändern lässt. Dieser Einwand ist nachvollziehbar. Imaginatives Überschreiben hat das Ziel, neue emotionale Erfahrungen zu ermöglichen. Ich möchte Sie ermutigen, diese Erfahrung mit meiner Unterstützung zu machen. Haben Sie bisher irgendwelche Fragen dazu oder ist noch etwas unklar?"

Sollten Patienten Unsicherheit, Ängste oder Zweifel an der Übung äußern, kann es hilfreich sein, validierend und verständnisvoll auf diese Sorgen zu reagieren.

Vermittlung von Verständnis für Unsicherheit, Ängste und Zweifel: „Die Technik des Imaginativen Überschreibens ist für Sie neu und möglicherweise ungewöhnlich im Vergleich zur rein verbalen Kommunikation in der Psychotherapie. Insofern kann es sein, dass Sie verunsichert oder auch ängstlich sind, wenn Sie sich auf die Ebene innerer Bilder begeben, die viel eher als Worte Gefühle auslösen können. Vielleicht befürchten Sie diese nicht kontrollieren zu können oder haben auch Angst, dass Sie etwas falsch machen können. Dies ist nicht ungewöhnlich und absolut nachvollziehbar. Belastende Erinnerungen können oft schmerzhaft sein, wenn sie wieder an die Oberfläche kommen. Das ist vollkommen normal. Wichtig ist, dass Sie sich melden, falls Sie heute oder in den nächsten Sitzungen noch etwas von mir benötigen. Dann können wir gemeinsam überlegen, was Sie noch für sich tun können, um nicht zu sehr von den belastenden Erinnerungen eingenommen zu werden. Es mag auch sein, dass Sie am Sinn und der Wirksamkeit dieser Technik zweifeln und sich fragen, wie eine Veränderung auf der Vorstellungsebene eine Veränderung Ihres Empfindens in der Realität bewirken soll. Auch diese Zweifel sind verständlich. Ich lade Sie ein, zunächst die Technik kennenzulernen und dann nochmal gemeinsam über Ihre Befürchtungen und Zweifel zu sprechen."

Vermittlung von Sicherheit, Beruhigung und Kontrolle: Klare Absprachen erhöhen die Motivation und Bereitschaft, sich auf die Übung einzulassen. Hilfreich sind Rahmenvereinbarungen wie die Festlegung des zeitlichen Rahmens, die Etablierung eines sicheren Ortes und die Schaffung von Möglichkeiten zu Kontrollerfahrungen, wie z. B. das Angebot, die Übung mit geöffneten Augen durchzuführen, oder die Vereinbarung von Stoppsignalen. Während der Übung selbst vermittelt die Helferfigur, die imaginativ in das Geschehen einbezogen wird, Sicherheit.

Imaginatives Überschreiben einer konkreten, belastenden Erinnerung aus der Vergangenheit

Einleitung: „Nehmen Sie eine für Sie angenehme Sitzposition ein, lockern Sie die Muskulatur und beobachten Sie Ihren Atem."

Wenn noch keine konkrete Situation aus der Vergangenheit bekannt ist, die als Ausgangspunkt für das Imaginative Überschreiben genutzt werden soll, kann eine solche Situation über die Methode der Affektbrücke aufgedeckt werden.

Affektbrücke: „Schildern Sie nun eine für Sie belastende Situation aus Ihrem aktuellen Leben, die Gefühle und körperlichen Empfindungen, die Sie in der Situation hatten. Bitte blenden Sie die aktuelle Situation aus, lassen Sie das Bild langsam verblassen und fokussieren Sie ganz auf Ihre Gefühle und Körperempfindungen und halten Sie diese fest. Lassen Sie daraus Bilder aus Ihrer Vergangenheit aufsteigen, ohne dass Sie dies forcieren. Bitte beschreiben Sie das Bild, die Situation, die aufgetaucht ist, in der Gegenwartsform."

Durchführung des Imaginativen Überschreibens

Phase 1 – Emotionsaktivierung und Bedürfnisse in Erfahrung bringen

Einführung: „Gehen Sie nun als der/die Kleine in die Situation. Wie alt sind Sie? [Bei einer Kindheitserinnerung wechselt die Therapeutin in der Ansprache zum Du] Wo bist du? Was siehst du? Was hörst du? Was riechst du? Was fühlst du? Was spürst du im Körper?"

Der Patient sollte so lange die Situation erkunden, bis die Emotionen ausreichend aktiviert sind. Dies äußert sich in der Regel dadurch, dass der Patient aus der Perspektive des Kindes eine Situation schildert, in der das Kind von damals in Not ist.

Bedürfnisse in Erfahrung bringen: „Was brauchst du? Was wünschst du dir, was als nächstes geschehen soll? Wer könnte dir jetzt helfen und für dich da sein?"

Übergang zu Phase 2

Je nach Variante und Selbstwirksamkeitsempfinden des Patienten kann nun entweder der Patient selbst als erwachsene Person, der Therapeut oder eine reale oder fiktive Person/Figur zu der Situation hinzugezogen werden, um zu intervenieren. Entscheidend ist allein die bedürfnisbefriedigende Kompetenz des Helfers. Häufig geht es im Zusammenhang damit um eine klare Konfrontation/Entmachtung des Täters und um eine Edukation durch eine Helferfigur. Gerade bei den anfänglichen Sitzungen ist es empfehlenswert, wenn zunächst die Therapeutin oder eine andere außenstehende Person/Figur hinzugezogen wird. Eine indirekte Steuerung der Helferfigur durch den Therapeuten, sofern diese nicht selbst als Helferfigur auftritt, ist hierbei sinnvoll und notwendig zum Überschreiben. In späteren Sitzungen sollte nach Möglichkeit der Patient selbst, als erwachsenen Person und Helferfigur, hinzugezogen werden, um so ein Gefühl von Selbstwirksamkeit zu stärken.

Phase 2 – Intervention und Täterentmachtung

Einführung: „Was passiert als nächstes? Was macht ...? Was sagt ...? Wie fühlst du dich jetzt? Was brauchst du jetzt?"

Die Helferfigur erfüllt nun in der Imagination die Bedürfnisse des Kindes durch Entmachtung des Täters und das Herstellen einer sicheren Situation. Die Fragen aus Phase 2 sollten dabei wiederholt werden, bis die Bedürfnisse des Kindes erfüllt sind.

Abschluss von Phase 2

Den Abschluss von Phase 2 bildet ein positives vom Patienten generiertes Bild, dessen Ausgestaltung sich an den zuvor verletzten Bedürfnissen des Patienten orientiert und Selbstfürsorge und/oder adaptive Emotionsregulation beinhaltet: „Gibt es noch etwas, was du brauchst oder was du gerne noch tun würdest, sodass es sich gut anfühlt? Wonach ist dir jetzt? Worauf hast du Lust? Was möchtest du tun?"

Abschluss des Imaginativen Überschreibens

Da der Therapeut nun nicht mehr das Kind direkt anspricht, sondern den erwachsenen Patienten, wechselt er in der Ansprache zurück zum Sie: „Wenn es sich so passend anfühlt, dürfen Sie noch etwas in dem Bild verweilen – Öffnen Sie dann langsam Ihre Augen und kommen Sie in das Hier und Jetzt zurück."

Variante mit Transfer auf aktuelle Situationen

Eine weitere Möglichkeit für den Abschluss besteht darin, mit dem neu erfahrenen, positiven Gefühl in eine aktuelle Situation zu gehen und diese zu bewältigen. „Nehmen Sie nun noch einmal Kontakt zu dem neuen positiven Gefühl auf. Konzentrieren Sie sich ganz darauf und gehen Sie damit in die aktuelle Situation. Was möchten Sie tun? Wie möchten Sie handeln?"

L. Reddemann / W. Wöller

Komplexe Posttraumatische Belastungsstörung

Reihe: Praxis der psychodynamischen Psychotherapie – analytische und tiefenpsychologisch fundierte Psychotherapie, Band 11

*2., unveränd. Auflage 2019, VI/109 Seiten, € 24,95 (DE) / € 25,70 (AT) / CHF 34.50, ISBN 978-3-8017-2961-5**

L. Seebauer / G. Jacob

Imaginatives Überschreiben

Reihe: Fortschritte der Psychotherapie, Band 80

*2021, VI/76 Seiten, € 19,95 (DE) / € 20,60 (AT) / CHF 27.90, im Reihenabo: € 15,95 (DE) / € 16,40 (AT) / CHF 22.50, ISBN 978-3-8017-2821-2**

F. Neuner / C. Catani / M. Schauer

Narrative Expositionstherapie (NET)

Reihe: Fortschritte der Psychotherapie, Band 83

*2021, VI/87 Seiten, € 19,95 (DE) / € 20,60 (AT) / CHF 27.90, im Reihenabo: € 15,95 (DE) / € 16,40 (AT) / CHF 22.50, ISBN 978-3-8017-3097-0**

T. Heidenreich / A. Chmitorz

Entspannung

Reihe: Standards der Psychotherapie, Band 11

*2022, VII/104 Seiten, € 24,95 (DE) / € 25,70 (AT) / CHF 34.50, im Reihenabo: € 19,95 (DE) / € 20,60 (AT) / CHF 27.90, ISBN 978-3-8017-3176-2**

J. Hoyer / L. V. Krämer

Verhaltensaufbau und -aktivierung

Reihe: Standards der Psychotherapie, Band 8

*2021, VII/137 Seiten, € 24,95 (DE) / € 25,70 (AT) / CHF 34.50, im Reihenabo: € 19,95 (DE) / € 20,60 (AT) / CHF 27.90, ISBN 978-3-8017-2984-4**

T. Teismann / J. Margraf

Exposition und Konfrontation

Reihe: Standards der Psychotherapie, Band 3

*2018, 133 Seiten, € 24,95 (DE) / € 25,70 (AT) / CHF 34.50, im Reihenabo: € 19,95 (DE) / € 20,60 (AT) / CHF 27.90, ISBN 978-3-8017-2825-0**

** Dieser Titel ist auch als eBook erhältlich.*

www.hogrefe.com

hogrefe